나는
사회인으로
산다

나는 사회인으로 산다

연대와 공존으로
나아가는
유쾌한
삶의 방식

데루오카 이쓰코 지음

조한소 옮김

궁리
KungRee

머리말

사회인이란 무엇인가

'새내기 사회인'이나 '사회인 야구', '사회인의 덕목' 같은 말을 자주 듣는다. 합창대회에는 '사회인부'가 따로 있고, 일본의 도서관 열람실에는 '사회인석'이라는 것도 있다. 도대체 사회인이란 무엇일까?

사회인이라는 말은 아마도 학교를 졸업하고 취직해서 자립적인 사회생활을 시작할 때 각별히 의식되지 않을까? 반대로, 정년퇴직해서 일터를 떠나 사회 속의 개인으로 돌아와 생활할 때 또 다른 의미에서 새삼 의식되는 말인지도 모르겠다.

지금은 사회인이 되는 첫걸음인 취직 자체가 어려운 시대다. 안정된 직장에 취업한 사람은 60%도 채 안 된다는 통계도 있다.

그렇다면 취직을 못 한 사람은 사회인이 아닌가? 실업자나 정년퇴직한 사람, 주부, 고령자, 장애인은 사회인이 아니란 말인가?

그렇지 않다. 이 사회에서 살아가는 사람은 함께 사회를 만들어가는 동료로서, 사회 구성원의 한 사람으로서 모두 사회인이다.

우리는 개인인 동시에 사회인이며, 자연의 일부로서 살아가는 자연인이기도 하다. 이 세 가지는 어느 것 하나 떼어놓을 수 없는 일체이며, 인간을 인간답게 하는 요소다. 이 세 가지가 치우치지 않고 한데 엮여서 인생의 의미와 목적을 지탱할 때 아마도 우리는 풍요로운 행복감을 느낄 수 있을 것이다.

사회적 동물인 우리는 의식하든 안 하든 사회와의 관계 속에서만 살아갈 수 있다. 실제로 개인이 어떤 인생을 살아갈지는 그 사회의 모습에 크게 좌우된다.

오늘날 일본 사회는 지연·혈연이 약해지고, 결혼하지 않는 사람들이 늘어난 데다 고령화 시대로 진입하면서 혼자 사는 가구의 비중이 꾸준히 증가하고 있다. 다른 한편에서는 회사원으로서의 인간관계도 맺을 수 없는 비정규직 노동자가 40%에 육박한다. 말 그대로 개인화 사회다. 만약 뜻밖의 사고를 당했을 때 사회의 도움이 없다면, 살아남는 것도 인생의 재기도 불가능할 것이다.

그러나 이런 사회를 만든 것이야말로 우리 개인들이다. 특히 민주주의사회가 필요로 하는 것은 자유 속에 단단히 발 딛고 선 개인의 적극적인 사회참여이며, 같은 인간으로서 유대를 소중히 여기는 사회인으로서의 연대의식이다.

자본주의사회는 자신의 생활과 인생계획을 더 좋게 만들고 싶은 개인적 욕망, 그중에서도 특히 소득에 관심과 노력을 집중시킨다. 자기책임과 경쟁을 기본 가치로 하는 시장경제사회는 표면적으로는 경제와 개인의 행동을 활성화하지만, 그 반면에 협동으로 사회를 개선하고자 하는 의지와 인간적인 상호부조에 대한 관심이 옅어지게 만든다.

설령 자유주의 시장경제가 국민소득 총액을 효율적으로 늘렸다 하더라도, 격차^{格差}사회가 확대되면 빈곤에서 벗어나지 못한 채 "나는 이렇게 살고 싶다"는 희망조차도 말할 수 없는 사회가 된다.

개인의 만족을 전부 합한 것이 결과적으로 만족할 수 있는 사회를 만드는 것은 아니다. 말하자면 '합성^{合成}의 오류'라는 사회현상이다. 예컨대 자동차의 대중화는 개인에게는 편리하겠지만, 사회 전체적으로 보면 대중교통을 약화시키고 도로혼잡을 일으키며 지구온난화를 부추긴다. 더 나아가 운동부족이라는 개인의 건강까지 생각하면 그것이 꼭 사회 전체의 복지에 공헌하는 것이 아님을 알 수 있다. 기업이 언제든 해고할 수 있는 저임금 비정규직 노동자는 이윤을 올리는 데는 알맞을지 모르지만, 사회적으로는 사회의 붕괴를 초래할 만큼 커다란 손실을 낳는다. 또 부지런히 채소를 재배하던 농가가 공급 과잉으로 가격이 폭락해서 애써 기른 농산물을 폐기해야 하는 경우도 있다.

이제는 개인의 영역만으로 옳고 그름을 판단할 수 있는 것은 하나도 없다고 해야 할 것이다. 우리는 사회와의 관계, 미래와의 관계 속에서만 판단할 수 있으며 살아가는 의미와 목적을 발견할 수 있다.

우리는 자유경쟁 자본주의사회 속에서 일상을 살아가기 때문에, 그 수면 아래서 경쟁과는 반대되는 무상無償의 협력과 상호부조, 생태적 활동이 사회를 유지하고 지탱한다는 사실을 곧잘 잊어버린다. 오히려 대가없는 사회공헌이나 상호부조는 사회적 동물인 우리의 본성에서 유래하는 행위여서 구태여 설명이 필요 없는 당연한 행위로 간주된다. 그래서 특별히 의식되는 일 없이 언제나, 말하자면 동면冬眠상태에 있다. 그러다 재해나 원자력발전소原電 사고처럼 사회적으로 엄청난 문제가 터져야 비로소 무대 위로 등장하여 우리가 사회인으로서의 관계 속에 있음을 깨닫게 한다. 그제야 서로 돕는 인간관계야말로 기쁨과 보람으로 이어진다는 것을 자각하는 것이다.

그런 기쁨을 실증이나 하듯이, 누군가에게 도움이 되는 행위가 건강과 장수에도 큰 영향을 미친다고 한다. 사회학자나 지자체가 실시한 동일연령층cohort조사는 그렇게 보고하고 있다.

사회는 역사가 축적해온, 국경을 넘어선 지혜와 경험의 보고寶庫다. 거기서 뭔가를 얻고, 또 거기에 뭔가를 보태지 않는다면 과연 무슨 삶의 의미가 있을까? 사회에 도움을 받는 동시에 사회를 더 좋게 바꿔가는 사회인의 생활방식 속에서 미래에 대한 희망을 찾고 싶다.

차례

3 ·· 사회인에게 일한다는 것의 의미

4 ·· 격차사회에 산다는 것

5 ·· 사회인을 어떻게 길러낼까

| 맺음말 | 사회인을 권유하며 · 253

1장

사회인이 될 수 없는 사람들

: 사회인의 이미지 :

많은 사람들이 "사회인으로서"라는 말을 듣게 되는 것은 학교를 졸업할 때나 성인식 때가 아닐까? "여러분은 지금부터 자립적이고 선량한 사회인으로서, 자신을 위해서뿐만 아니라 사회에도 공헌할 수 있는 사람이 되어야 합니다." 이런 식으로 말이다.

젊은이들도 스스로를 이렇게 부른다. 예컨대 야마구치 현 하기 시의 성인식에 참석한 청년 대표는 "훌륭한 사회인이 될 것을 맹세합니다"(2011년 1월)라고 사람들 앞에서 다짐한다.

어째서 청년들은 어느 시점부터 '사회인'이라 불리게 되는 걸까? '사회인'이란 과연 무엇일까? 학생들에게 사회인의 이미지를 물어보았다.

"학교를 졸업하고 취직해서 부모님의 보호로부터 독립한 인간."

"자기결정권을 가진 반면, 사회에 대한 책임이나 급여에 걸맞은 능력이 요구된다."

"나 자신은 인간관계를 귀찮아하고 성가셔하는 성격이지만, 사회인이 되면 폭넓게 인간관계를 쌓아가야 한다."

"세상에 대한 상식과 교양을 갖추고 사회규범을 따르라는 요구를 받는다. 사회인이 되면 학교에서는 발휘할 수 없었던 능력을 신장시킬 수 있을지도 모르겠다."

"일을 통해서 사회에 도움이 되는 인간이 되고, 일본의 장래에 공헌한다."

이제 막 사회로 나아가려는 젊은이들의 기대와 포부가 느껴진다. 하지만 다음과 같은 응답도 있었다.

"가식적인 웃음과 입에 발린 말처럼, 진정한 자기 모습과는 다른 또 하나의 자기를 갖는 것이 사회인."

"자립한 인간으로서 타인을 배려하고 돈을 벌어 부모님께 효도하고 싶지만, 바빠서 일 말고는 아무 생각도 할 수 없을지도 모르겠다."

"응석을 부릴 수 없는, 여유가 없는 인간이 되고, 자기만의 자유로운 시간을 가질 수 없게 되는 것이 사회인."

"사회인이 되면 자기와 생각이 다른, 싫은 사람과도 협조해야 한다."

"미성숙한 어른, 혐오스런 어른의 이미지가 있어서 사회인이 되고 싶지 않다."

"학창시절과 달리, 무슨 일이 일어날지 모르는 불안한 일생을 살아야

만 한다."

불황 속의 엄혹한 경쟁사회에서 사회인이 되는 것에 대한 불안과
사회에 대한 젊은이다운 야유와 반발, 그리고 학창시절에 대한 미련
도 느껴진다.

"결혼해서 자신의 가정을 갖는다. 아이를 낳아 기르는 것도 사회인의

의무."

"아니, 니트족*도 파라사이트 싱글**도 사회인이다."

"사회인이란 국민도 아닌, 회사원도 아닌, 가족도 아닌, 자립한 개인이

폭넓게 서로 관계를 맺는 수평적인 관계."

만약 3 · 11 동일본 대지진*** 이후에 같은 질문을 했다면 "사회인

....

*   NEET. Not in Employment, Education or Training의 약자로, 현재 실업상태에 있으
면서도 일할 의욕이 없어 직업훈련이나 구직활동을 전혀 하지 않는 젊은이를 일컫는 말.

**   기생충(parasite)과 독신(single)을 합성한 일본의 신조어로, 독립할 나이가 됐지만
경제적 이유로 부모 집에 얹혀사는 젊은이를 일컫는 말.

***   2011년 3월 11일 일본 도호쿠 지방에서 발생한 리히터 규모 9.0의 강진. 지진 발생
후 초대형 쓰나미가 센다이 시 등 해변 도시들을 덮쳤고, 그로 인해 후쿠시마 현에 위치한 원전
의 가동이 중지되면서 방사능 누출 사고가 발생했다.

이란 서로 돕는 사람들의 상호관계"라는 대답이 돌아왔을지도 모르겠다. 이런 말을 하는 학생도 있었다.

> "사회인이란 앞으로 일본 사회가 어떻게 되어갈까를 생각하는 사람이 아닐까요?"

"사회인이란 취직하는 것"이라는 판에 박힌 대답에서는 다소 벗어난 사회인관이지만, 하나의 진리를 간파하고 있는 것도 같다.

사회인이 된다는 것이 취직하는 것으로만 좁혀지면, 주위 사람들에게 어떻게 평가받고 인정받는지가 최대의 관심사가 되고, "나는 이렇게 살고 싶다"는 중요한 문제가 희미해져버린다. 그리고 그것은, 민주주의사회는 자기 손으로 만드는 것이라는 관점을 잃어버리게 할 것이다.

⋮ 공인된 사회인 연령

현재 성인식*이 거행되는 20세라는 연령은 선거권**을 갖는 나이이

**　　**일본은 1948년에 성인의 날을 제정해 만20세가 된 청년들을 축하하고 있다. 원래는 1월 15일이었지만, 2000년부터 1월 둘째 월요일로 정해졌다. 이날은 전국의 지자체에서 성인식이 거행되며, 성년이 된 젊은이들을 축하 격려하는 다양한 이벤트가 개최된다.

**　**우리나라의 경우 민법상 성년 기준은 만19세이며 선거권은 만19세 이상 모든 국민

며, 그런 의미에서 사회인이 되었음을 국가가 공인한 연령이라고 할수 있다. 국가도 사회도 청년들이 미래 사회를 짊어질 주체가 되기를 기대하고, 또 보증하고자 한다. 그러나 고등교육이 보급되고 취업연령이 늦춰지면서, 순조롭게 진학하더라도 대학 졸업은 만22세 이후에 이루어진다. 사회인이 되는 연령은 성인연령보다도 훨씬 늦어진다.

또 법률적으로 보더라도 20세라는 성인연령과 사회인으로서 인정받는 연령이 통일되어 있는 것은 아니다. 남자는 18세, 여자는 16세가 되면 부모(한쪽 부모라도 된다)의 동의를 얻어 결혼할 수 있지만, 20세 성년에 도달하면 부모의 동의 없이도 결혼할 수 있다.

20세 미만은 흡연과 음주가 인정되지 않는다거나, 계약 당사자가 될 수 없고 그에 따른 손해배상책임도 생기지 않는다는 점에서 볼 때, 20세를 경계로 해서 비로소 사회적으로 책임능력을 공인받는 경우가 많다.

다른 한편으로, 소년법의 적용은 20세가 되지 않은 자로 규정되어 있지만, 죄상에 따라서 16세 이상은 검찰에 송치되어 책임을 추궁당하고 형사사건에 준하는 취급을 받는다.

....

들이 갖는다. 주민등록증은 만17세에 발급되며, 자동차운전면허 취득 · 공무원 임용 · 혼인연령 (여성 16세) · 군대입영이 가능한 나이는 만18세 이상이다. 일각에서는 선거연령을 만18세 이상으로 하향 조정해야 한다는 목소리도 있다.

반대로 아동복지법 적용은 18세 미만이지만, 18세는 아직 사회인으로서 자립할 수 없다고 판단해서, 경우에 따라서는 20세까지 보호시설에 머물 수 있다.

근로기준법의 연소자 노동금지 규정에 따르면, 15세 생일이 되고 나서 처음 맞이하는 3월 말일이 지나면 노동에 종사할 수 있고 돈을 벌 수 있다. 그래서 중학교를 졸업하자마자 곧장 일하는 청소년들도 있는데, 경제적 자립이라는 점에서 보면 그들은 이미 사회인이다. 그러나 18세 미만 청소년에 대해서는 야간노동과 위험하고 유해한 업무에 종사하는 것이 금지되어 있고 노동시간에 제한도 있어서, 일을 하고는 있지만 여전히 일부는 보호단계에 있다. 한편, 노동자로서는 어른과 똑같이 국민연금*을 제외한 사회보험에 가입할 수 있으며, 노동계약과 임금에 관해서는 나이가 어려도 본인에게 결정권이 있고 대리인을 통한 계약은 허용되지 않는다.

운전면허증을 취득할 수 있는 연령은 원동기장치자전거[배기량 125CC 이하 이륜자동차]가 16세, 보통 승용차가 18세인 것처럼, 인간 생활 전체로 보면, 각각의 법률이 제정된 정신에 의거해, 혹은 현실에 따라서 소위 '어엿한 한 사람'으로 대접받는 연령에는 제각각 차이가

....

* 일본의 국민연금 가입연령은 만20세 이상 60세 미만이다. 한편 심각한 저출산 고령화로 인해 2013년 4월부터 만65세까지 고용을 의무화하는 법이 시행되면서 연금수령연령도 60세에서 65세로 늦춰지게 되었다. 우리나라의 국민연금 가입연령은 만18세 이상 60세 미만이다.

나는 사회인으로 산다 :·

있다. 일정한 연령에 따라서 사회인이 되게끔 정해진 것은 아니다.

국제사회를 보더라도 선거연령과 성인연령이 꼭 일치하지 않는 나라는 많다. 두 연령이 일치하는 미국의 경우도 우선 징병연령이 18세로 정해졌는데, 1940년대에 "싸우기에 충분한 나이라면 투표하기에도 충분한 나이다"라는 시민운동 슬로건의 뒤를 쫓는 형태로 선거연령이 낮춰졌다. 독일도 징병연령이 18세로 정해질 당시 성인연령은 22세였다. 그러다 점차 선거연령과 성인연령을 18세로 수렴해간 과정이 있다(한편 2011년 7월부터 독일의 징병제는 폐지되었다).

나이가 반드시 사회인을 나타내는 지표는 아니다. 이 책에서는 사회인을 "사회의 일원으로서 함께 사회를 만들어가는 개인"으로 정의하고자 한다. 다시 말해 나이와는 관계없고, 또 노동자인지 아닌지도 관계가 없다. 경제적 자립이 어려운 청년도, 정년퇴직한 고령자도 모두 사회인이다.

⋮ 청년들의 깊은 불안과 고민 ⋮

내가 대학에서 청년들에게 사회인의 이미지를 물었을 때, 대체로 "취직해서 자립한다"는 점에서는 모두 똑같았다. 사회에 대한 호기심과 불안이 한데 뒤섞여 있는 것도.

하지만 졸업하는 학생들에게 "졸업 축하해. 드디어 사회인으로서 첫 출발이네" 하면 걱정스런 표정으로 이렇게 말한다.

"학창시절이 좋았어요. 아르바이트를 하더라도 학생이니까 어쨌든 특별대우를 받기도 하고. 학교에서도 정해진 것만 하면 됐으니까요. 지금부터 사회인이 된다니 좀 불안해요. 직장상사나 동료들에게 어떤 평가를 받을지……. 업무나 인간관계가 원만할지……. 기업도 불안정하니, 일단 정규직으로 취직한다 하더라도 해고되면 어떡해요."

이미 사회인이 된 졸업생은 후배들에게 이렇게 충고한다.

"사회인이 되고 나서 하는 일과 학창시절의 아르바이트는 책임의 질과 입장이 달라. 세상이 너무 빨리 변하기 때문에 책임을 져야 하는 일의 질도, 요구되는 속도도 많이 달라졌지. 예를 들어 오전 중에 내려온 업무지시는 그날 안에 어떻게든 답을 내야만 해. 평소처럼 근무해도 따라잡기 힘든데, 육아휴직이라도 내면 도저히 따라잡을 수 없어."

젊은이들에게 "지금은 사회인이 되는 첫발인 취직 자체가 어렵잖아?" 하고 물어보면, 심각한 취업난을 앞에 두고, 학생들 대다수가 본심인지 겉으로만 그러는지 알 수 없지만, 그것을 자기 책임이라고 생각하는 것 같다. 자신의 어리광이라거나, 노력이 부족하다거나, 처음부터 자기는 능력이 없었다는 것을 취업이 힘든 이유로 드니까 말이다. 그것은 일면 기특한 생각이기는 하지만, 또 당장에야 그렇게 생각하고 노력하는 수밖에 없겠지만 염려스러운 것도 사실이다. 그렇게 생각하는 한, 일자리를 얻지 못한 청년은 그것을 모두 제 탓으로 여기고, 자기는 글러먹은 인간이라고 믿어버리며, 자기가 만든

껍데기 속에 틀어박히게 될지도 모르기 때문이다.

실제로 1백 개도 넘는 회사에 입사원서를 냈지만 취직에 실패한 한 학생은 자신감을 잃고 일할 의욕마저 없어진 듯 보였다. 우울증에 걸려서 더러는 자살하는 청년도 있다. 후생노동성은 '신규졸업자 응원 헬로워크*'에 임상심리사를 배치했다. 매달 약 5백 건의 상담이 있다고 한다. 취업실패를 이유로 자살한 대학생은 2010년에 53명으로, 2007년에 비해서 3배로 늘었다(《아사히신문》 2012년 2월 24일). 번번이 불합격 통지를 받은 젊은이의 마음을 헤아린다면, 어찌 그것을 나무랄 수 있을까. 자기 자신의 존재를 완전히 부정당한 것 같은 기분이 들어 마음이 무너져 내렸다는 학생도 있다.

: 취업 빙하기에 직면해서

취업난은 노동세계의 붕괴에서 비롯되었다.

처음부터 취업이 힘든 원인을 본인의 일방적인 책임으로 돌리는 것은 잘못이다. 내 경험으로 보자면 1970년대, 80년대 우리 대학에서는 학생들에게 [졸업 전에] 취직내정이 일인당 네다섯 통이나 왔고, 그 학생이 다른 회사에 가지 못하도록 인사부 직원이 갖은 방법

....

*　　　　공공직업안정소. 국민에게 안정된 고용기회를 확보할 목적으로 후생노동성이 설치한 행정기관. 애칭은 헬로워크(ハローワーク). 우리나라의 '고용센터' 같은 곳.

으로 붙잡았다. 그럼 그 당시 학생들이 그 정도로 우수했는가 하면 꼭 그렇지는 않다. 그 후 거품경제가 붕괴되고 좀처럼 회복되지 못하는 동안 글로벌 경제경쟁이 밀어닥치면서 불황에 빠진 일본에서는 취업 기회가 대폭 줄어들었다. 격렬한 경제경쟁에서 살아남기 위해 고교 졸업자 절반이 대학에 진학하게 되면서, 대졸자라는 것만으로 노동시장에서 유리해지는 경우는 사라졌다. 학생들은 취업에 고생하고 있지만, 학생들의 실력에는 취업률 변화만큼의 큰 차이는 없다고 본다.

지금처럼 고용되지 못하면 일할 수 없는 사회가 된 것은, 일본에서는 대략 60년 전부터가 아닐까? 그때까지는 농업을 비롯한 1차 산업과 가족 자영업이 주류를 이루었다. 하지만 고용되지 못하면 일할 수 없는 사회에서는 사회 일원으로서의 인간적 자질보다 고용되기에 걸맞은 학력·자격·능력이 필요하다.

그 능력을 쌓기 위해 아이들이 대학을 졸업할 때까지 필요한 학비는 초등학교부터 대학까지 국공립학교가 약 1천만 엔, 사립은 2천만 엔이 든다고 한다. 부모도 어떨 때는 가계지출의 40%를 차지하는 학비에 한숨을 쉬었겠지만, 아이들 자신도 취직해서 어엿한 한 사람 몫을 해내기를 꿈꾸며 공부해왔을 것이 틀림없다. 치열한 경쟁교육을 거쳐온 학생일수록 취업을 목적으로 열심히 노력했다고 말한다.

2011년은 최대의 취업 빙하기였다고 하는데, 그런 경향은 앞으로도 한동안 계속될 것이다. 문부과학성은 졸업 후 취업상황조사 결과

나는 사회인으로 산다

취업률이 90%라고 발표했지만, 이 조사는 전국 대학을 대상으로 실시한 조사도 아니거니와, 응답한 대학 측도 실제 데이터를 공표하는지 어떤지 알 수가 없다. 취업률이 좋지 않으면 학생이 모이지 않으니까 말이다.

대학의 한 취업담당자는 졸업생 전체를 분모로 한 취업자율은 대략 55~60% 전후로 떨어질 것이라고 예상한다. 예컨대 처음부터 취업을 포기하거나 취업을 희망하지 않는 졸업생이나, 연구자가 될 생각은 없지만 취업할 곳을 찾지 못해 일단 대학원에 진학한 학생을 분모에서 제외하면 취업률 숫자는 높게 나온다. 그것만이 아니다. 파트타임, 비상근, 파견이나 해마다 계약을 갱신하는 사원 등 일단 불안정한 일자리를 얻기는 했지만 금방 직장을 떠난 사람이나, 졸업 후에 무슨 일을 하는지 전혀 소식을 알 수 없는 청년도 있다. 그들을 가려내서 '취업'이라는 말에 걸맞은 취업자 비율을 살펴보면 50~60% 정도로 추산된다. 《아사히신문》과 유명 입시학원인 가와이주쿠가 합동으로 조사한 전국의 국공사립 558개 대학에서 얻은 조사결과에서도 거의 비슷한 결과가 나왔다. 대학원에 진학한 자, 일시적인 불안정 취업자를 취업자에서 제외하면 취업률은 62.2%다 (《아사히신문》 2011년 7월 3일).

이래서는 고생고생해서 학비를 댄 부모나 본인이나, 울고 싶어도 울 수가 없다. 재학 중에 빌린 학자금도 갚지 못한다. 살아가기 위한 돈도 돈이지만, 일이 없으니 매일 무얼 해야 좋을지 앞날이 막막하다. 자식이 취직을 못하는 현실 앞에서 애가 타는 부모는 그것을 자녀의 책임으로 생각하기 십상이고, 그로 인해 여러 건의 가정 비극이 일어났다. 취직 안 하냐고 나무라는 부모를 죽이고 자살한 자식도 있다. 취직을 못해서 가족과 말다툼하고 집을 나와 노숙인이 된 사람도 있다. 무엇보다도 자립을 꿈꿨던 이가 가장 고통스럽지 않을까? 어디에도 채용되지 못한 젊은이가 자기는 쓸모없는 사람이라 여기고 자신의 존재의의를 부정하며 무기력해지는 것을 과연 누가 나무랄 수 있을까?

사회도 10여 년에 걸쳐 키워온 청년들의 능력을 활용하지 못하는 커다란 손실을 보고 있다. 참으로 아까운 일 아닌가. 일자리가 없고 소득이 없으면 세금도 낼 수 없으니 재정 수입도 줄어든다. 사회보험료도 낼 수 없으니 연금 기금도, 의료보험 재정도 파산 일보직전. 결혼을 못하니 저출산 사회가 된다. 집도 살 수 없고, 내수는 위축된다. 이 모든 것은 개인이 해결할 수 있는 문제가 아니다.

이러한 현실 앞에서 일본의 학교도 사회도 직업 기술을 높이는 데에 큰 관심을 기울이게 되었다. 반면, 나중에 다시 말하겠지만, 사회인으로서의 시민성citizenship을 기르는 일에는 별로 관심이 없다. 시민성이란 바로 사회인으로서 필요한 교양과 행동력을 말한다. 그것 없이 민주주의사회는 유지될 수 없는데도, 젊은이들은 사회인이 된다는 게 어떤 것인지에 대한 막연한 불안을 안은 채 사회로 나온다. 사회인으로서 시민성을 가지려면 개인이 자신의 가치를 자각하고 자존감을 갖는 게 전제가 되어야 하는데, "내 탓"으로 취업을 못한다고 생각하면 사회인 의식도 길러지지 않는다.

: 침투한 자기책임론

거품이 꺼지고 금융파산에서 회복하지 못하는 사이에 글로벌 경쟁에 노출되어 불황에 빠진 일본을 고이즈미 내각은 규제완화, 신자유주의 시장경쟁, 자기책임을 통해 활성화할 수 있다고 선언했다. 그리고 그 무대장치로서 '저항세력'이라는 내부의 적을 만들기도 하고, "자민당을 때려 부수자"고 선동하기도 하고, 우정郵政민영화*를 통해 관료주의를 타파하겠다고 하는 등 노골적인 정치수법을 동원했다. 하지만 그 결과는 이미 많은 지적을 받은 것처럼 빈부격차를 키우고, 사회에 균열을 내고, 규제완화를 이용한 일부 부자들이 더 큰 부자가 되었을 뿐, 근로빈곤층**과 노숙인이 속출하는 격차[양극화]사회가 되었다. 국내경제는 활성화되지 않고 장기 실업자는 늘어만 갔다. 내수는 얼어붙고, 사회안전망을 상실한 사회는 더 이상 희망을 가질 수 없는 사회가 되었다.

....

* 　　　일본우정그룹을 우편, 은행, 보험, 창구 업무 등으로 나눠 2007년까지 4개 회사로 분사하고, 은행과 보험 등 2개의 금융회사를 2017년까지 민간에 매각하기로 한 조처.

** 　　　일을 하더라도 소득이 충분하지 않아 계속 빈곤에 허덕이는 계층을 말한다. 워킹푸어(working poor)라고도 부른다.

이에 높은 실업률을 방치하면 사회를 유지할 수 없다는 위기감에서 고이즈미 시대의 자기책임론은 아베安倍시대의 '재도전론'으로 바뀌었고, 후쿠다福田시대의 '사회보장 국민회의', 아소麻生시대의 '안심사회 실현회의'를 통한 긴급 인재육성·취업지원 기금 등 고용창출을 위한 공공서비스를 제공하게 되었다.

많은 사람이 직면한 취업난은 글로벌 경쟁과 불황이라는 사회상황으로부터 구조적으로 발생하고 있다. 말하자면 의자 뺏기 놀이를 하고 있는 것이다. 그래서 각국은 재정지출을 통한 다양한 지원제도, 예컨대 생활비가 지급되는 직업훈련, 직업소개, 개인 단위의 상담, 기업 내 연수, 인턴십, 기업에 대한 고용보조금 지급 등 적극적인 실업대책을 통해서 그 상황을 완화하려 애쓰고 있다.

일본 정부가 실업자들의 취직을 위해 들이는 예산은 OECD 평균에 비하면 약 2분의 1에 불과하다. '생활 제일'을 외쳤던 민주당 정권도 가족 지원, 생활비 보조 직업훈련, 개인별 맞춤 취업상담 등 민간 및 지자체와도 협력하면서 부랴부랴 일자리와 구직자를 연결하려 했지만 현실을 따라잡지는 못했다. 이처럼 고이즈미 정권 시절의 자기책임론과는 크게 달라진 공공서비스는, 도저히 바꾸지 않으려야 않을 수 없는 불가피한 전환이었다.

커다란 사회문제임이 분명한 것을 자기책임으로 해결할 수 있다고 혹은 해결해야 한다고 여기면, 희망의 공간은 좁아지고 사람들은 더욱더 자신을 궁지로 몰아넣기 쉽다. 바야흐로 비정규직 노동자가 40%에 육박하는 시대다. 여성 노동자를 보면 비정규직이 정규직보다도 많다. 노동조합도 지금처럼 기업 내 노동조합으로 해나갈 수 있는 시대가 아니다. 만약 비정규직으로 일한다 하더라도 최저임금 인상이나 비정규직에 대한 사회보험제도 개선, 정규직의 잔업시간 규제 강화, 법정휴가 완전 보장을 통해서 일자리를 나누어^{work sharing} 신규고용을 늘리는 것이 필요하다. 특히 정규직 노동자와의 균등한 대우 실현 등 사회적 해결을 모색하는 길을 개척할 수밖에 없다. 또 그것을 실현하기 위하여 공동으로 행동하는 청년들이 더 많아져도 좋다. 정규직 사원 가운데는 과중한 노동으로 건강을 해친 사람도 있다. 연차휴가조차 만족스럽게 쓸 수 없는 정규직 사원의 노동시간을, 고용을 늘림으로써 정당하게 나누는 사회적인 시스템이 부족하다. 자기긍정감이 사라지고 일할 의욕마저 잃기 전에, 같은 문제를 안고 있는 동료들과 힘을 합하여 현실을 개선하는 데 나설 '의지'가 있다면, 뒤에서 다시 보겠지만, 아직 희망은 있다.

'새해맞이 파견마을'[*] 촌장으로서 빈곤 실태를 세상에 알린 유아사 마코토^{湯浅誠} 씨는 실업자와 노숙인 지원활동을 해오면서 그들이 무슨 일이 됐건 제 탓이라 여기며 자기 안에 틀어박힐 뿐, 사회관

....

* 　　年越し派遣村. "여러 NPO와 노동조합이 만든 파견사원들의 피난처. 파견사원 계약 해지로 더 이상 사택에서 살지 못하게 되어 주거가 없어진 비정규직 사원들을 지원할 목적으로 2008년 12월 31일부터 2009년 1월 5일까지 도쿄 지요다 구에 있는 히비야공원에 개설되었다." (위키피디아 일본)

계 속에서 해결하는 법을 모르는 것 같은 느낌을 받았다고 전한다. 나도 언젠가 밥짓기 봉사활동에 나갔을 때 "날씨가 추운데 괜찮아요?" 하고 말을 거니 "전부 내 탓인데요"라는 대답이 돌아와서, 그 말에 어떻게 대꾸해야 좋을지 몰라 당황했던 적이 있다.

『자치총연自治総研』 2011년 8월호에 나라여자대학 명예교수인 사와이 마사루澤井勝 씨가 대학생과 고교생을 대상으로 한 앙케트 결과를 분석한 글을 실었다. 그들에게도 자기책임론이 깊이 침투해서, "프리터*가 되는 것은 자신의 어리광이나 노력 부족이 원인"이라고 생각하는 고교생이 62.4%, 대학생이 50.1%나 되었다. 그 점을 반영해서일까, 가장 알고 싶은 지식 1위는 '사회인으로서의 덕목'이었다. 대학생의 98.0%, 고교생의 94.7%가 그것을 꼽았다.

⋮ 어째서 자기책임론에 사로잡히는 걸까 ⋮

왜 그렇게까지 자기책임론이 깊숙이 침투해 있는 걸까? 일본의 교육에 문제가 있는 건 아닐까 하는 생각에, 내가 가르쳤던 제자들 중에 지금은 교사가 된 몇 사람과 이야기를 나눠보았다. 그들의 체험적 의견은 다음과 같았다.

⋯⋯⋯⋯⋯⋯⋯⋯⋯⋯⋯⋯⋯⋯⋯⋯

*   freeter. 자유(free)와 아르바이터(arbeiter)를 합성한 일본식 신조어로, 아르바이트나 파트타임으로 생활을 유지하는 사람들을 일컫는 말.

(1) 초등학교부터 고등학교까지 교사들은 학생들에게 "노력하면 할 수 있다"를 슬로건으로 내세운다. 그 말을 뒤집으면 "못 하는 것은 게으르고 노력이 부족해서다", 다시 말해 "내 탓"이라는 말이 된다. 무엇이 계기가 되어 열심히 노력하려는 마음이 우러나오는지, 어떤 경우에 어떻게 노력하는지는 개인마다 다르다. 또 특별히 애쓰지 않아도 시간이 지나면 할 수 있는 것도 있고, 즐겁게 하는 사이에 저절로 익히게 되는 경우도 있다. 애쓰고 싶지 않은, 또는 노력할 수 없는 이유에 대하여 자유롭게 대화하는 교육조차 이루어지지 않는다. 그저 무턱대고 "힘내라"로 일관할 뿐이다. 동일본 대지진 때도 온통 "힘내라, 힘내라"뿐이어서 현지인들로부터 "이제 좀 그만해 달라"는 소리가 나왔다.

(2) 장점을 키우는 교육이 아니라 결점을 고치는 교육뿐이어서, 자기 자신의 가치를 자각하기보다는 열등감을 갖기 쉽다. 순위를 매기거나 비교를 하거나 자극을 주고 다그치기만 할 뿐, 아이들의 개성을 존중하지 않기 때문에 집단 따돌림도 일어나기 쉽다. 일본의 교사와 부모들 자신이 성장과정에서 언제나 부족한 점을 지적받고 "거기가 부족해", "여기가 잘못 됐어", "좀 더 이렇게 해봐"라는 식의 결점을 고치는 교육환경에서 자라왔다. 그래서 칭찬보다 꾸지람을 듣고 자란 어른에게는 개성을 인정하고 장점을 칭찬하며 아이를 키우는 경험이 몸에 배어 있지 않다.

그것을 뒷받침하듯, 외국인과 국제결혼한 친구는 아이를 기르며 느낀 점이 일본인 특유의 육아방식이라고 말한다. 아이에게 거는 기대가 큰 탓에 곧잘 하더라도 좀 더 높은 곳을 향해 부족한 부분을 지적한다. 칭찬하기보다 "좀 더 이렇게 해"라는 말이 나온다. 하지만 외국인 부모는 일본인 부모가 보기에 아주 사소한 것, 칭찬할 만한 일이 아닌 것도 칭찬한다고 한다.

틀린 것만 부각하는 채점주의 학교교육을 방과후 학원이나 입시학원에서도 반복하다보니, 학교와는 질이 다른 환경에서 자유롭게 즐거운 시간을 보내는 경험이 부족한 아이들이 자기긍정감을 가질 수 없는 것도 당연하지 않을까? 자만심이 아니라 자기 자신을 믿을 수 있는 아이는 어려움을 만나더라도 그것을 쉽게 극복하며, 지나치게 주위에 휘둘리는 일도 없다.

(3) 고이즈미 시대의 자기책임론은 "승자*는 우수한 사람, 패자는 열등한 인간", 실패한 인간은 자기 탓이라는, 예전부터 잠재적으로 있었던 사고방식을 정당화했다. "할 수 없는 놈은 못해도 좋아. 일부 엘리트들이 사회를 이끌어간다"는 주장이 전면에 등장하고 학교에서도 그것을 당연시하게 되었다.

(4) 경쟁교육은 끝이 없는 경쟁이라서 "그만하면 됐다"는 한계가 없다. 마찬가지로 열심히 공부해도 다른 아이가 더 좋은 점수를 받으면 밑으로 떨어진다. 누구라도 항상 위쪽의 정해진 위치에 있을 수 없는 법이고, 늘 타인과 비교되어 자기보다 위에 있는 아이가 있으면 자신은 성적이 나쁜

....

* 　　　원문은 勝ち組. 경제적으로 성공해서 사회적 지위와 신뢰를 얻은 기업이나 개인. 반대는 루저(負け組).

　　　　　　　　　　　　　나는 사회인으로 산다 ∴

아이가 된다.

(5) 자기 안에 가치기준이 있는 게 아니라 주위의 평가에 좌우되는 교육환경은 자기 자신의 가치에 눈을 뜨는 자기긍정감과 자아 발달에 결코 득이 되지 않는다. 일본의 아이들은 공부 이외에 살아나갈 힘을 경험할 기회가 매우 적다. 그것이 자신감 없는 자기평가로 연결되는 건 아닐까?

(6) 일본에서는 겸허한 태도를 미덕으로 여기는 문화가 있어서, 어린아이 때부터 부모는 자기 아이를 두고 "공부를 잘하는 애는 아니지만……"라며 겸손하게 말한다. 따라서 자신의 장점을 있는 그대로 인정하고 타인에게도 내세우는 습관이 길러지지 않는다.

겸허하게 처신하면 누군가가 인정해주는 문화는 동질적이고 협소한 세계의 인간관계를 전제로 한다. 그러나 지금은 그런 시대가 아니라는 것을, 이미 어른이 된 청년들이 모를 리 없다. 역시나 타인과 비교한 자신감 상실일 것이다. 혹은 내 탓이라고 말해버리면 그 이상 책망받을 일이 없기 때문에 직면한 문제를 숙고하거나 갈등하는 고통에서 벗어날는지도 모르겠다. 하지만 자기 자신을 믿을 수 없다는 고통이 훨씬 더 괴롭지 않을까?

: 청년들의 진짜 고민

부모의 뒷바라지를 받던 학창시절에서 사회인으로, 정해진 생활에서 자기결정권과 자기책임을 가진 생활로의 전환. 그것은 그 자체로 엄청난 변화일 것이다. 게다가 지금의 사회는 실패와 교정을 인정할 여유를 잃어버린 경쟁사회라서 느끼는 강도가 특히 더하다. 그렇다면 청년들이 읽어보고 안심할 수 있는, 전형적인 사회인의 덕목이라는 것이 어딘가에 있기는 한 걸까?

어느 날 『사회인 기초력^{基礎力} 육성 입문』이라는 책이 눈에 띄어 읽어본 적이 있다. "사회인의 기초력이란 기초학력, 전문지식, 인간성을 연결하고 순환적으로 향상하는 것"이라든지, "팀워크가 중요하다", "혁신으로 산업계에 공헌을" 하는 식의 하나마나 한 추상적인 이야기를 설교조로 나열한 것에 불과했다. 한마디로 말하면, 글로벌한 경제경쟁에 승리하기 위해 젊은이들은 어떻게 일해야 하는가, 어떻게 혁신으로 산업계에 공헌할까, 그리고 어떻게 주위 사람들에게 인정받고 성공할까 하는 추상적인 말들이 관리자의 시선에서 나열돼 있을 뿐이다. 그 말대로만 된다면야 처음부터 문제는 일어나지 않는다.

청년들은 그런 말을 듣고 싶은 게 아닐 것이다. 그들의 고민은 자기답게 자신의 능력을 발휘하며 살아가는 것과 기업 세계에서 요구하는 것 사이에서 균열을 느끼지만, 고용되지 못하면 살아갈 수 없기 때문에, 기특하게도 자기다움을 뒤로 하고 사회에 적응하려고 애쓰는 데서 생기는 그런 위화감이다. 자신을 뒤로 물리더라도 과연 사회는 나의 적응노력을 인정해줄까? 어떻게 받아들일까? 다행히

정규직에 취직했더라도 과연 인생의 보람을 발견할 수 있을지, 어떤 상사를 만날지, 평가를 받을 수나 있을지, 괴롭힘과 차별을 당하지 않고 또 해고당하지 않고 정년을 맞을 수 있을지……. 한 학생은 말한다. 보람 있는 일이라면 급여가 낮아도 해나갈 수 있다. 하지만 보람 없는 일이라면 그 나름의 보수 없이 계속할 수는 없다. 그런데 지금은 그 나름의 보수도 보람도 없는 직장이 많다고.

자기 스스로 주위에 공헌하는 동시에 자신의 힘으로 주위를 바꿀 수도 있는 상호관계가 없으면 항상 외부로부터 관리되고 시정받고 자기평가를 강제당하며 아등바등 일해서 적응해갈 수밖에 없다. 그러나 그러한 적응 노력이 과연 보답을 받을 수 있는 노력일까? 사회적인 의미가 있는 걸까? 노력의 결과가 조기퇴직이나 금방이라도 도산할 자회사로의 전출이거나 구조조정이라면 어떡할까? 지금은 그저 정규직 사원으로 고용되는 것만이 목적이지만, 그것만으로는 해결되지 않는 배후의 문제가 마음 한구석에 답답하게 자리하고 있으며, 현실은 일방적인 구매자 우위의 시장이라서 그것이 청년들을 불안으로 내몰고 있다.

젊은이들의 의욕이란 후지타 쇼조*가 말하는 '[불안에] 내몰린 능

....

* 藤田省三(1927~2003). 전후(戰後) 일본의 비판적 사상가이자 정치학자. 천황제 국가의 구조를 분석한 것으로 유명하다. 주요 저서로 『천황제 국가의 지배원리』, 『유신의 정신』, 『정신사적 고찰』, 『전체주의의 시대경험』 등이 있다.

동적 허무주의**가 아니라, 사회 속에서 자신의 존재의의를 확인할 수 있는 삶의 방식이라고 생각한다. 그것이야말로 사회인으로서 살아가는 방식이다. 그것이 계속해서 흐지부지되는 환경에서 아무리 그들의 의욕만을 고무한다 한들 무슨 소용이 있을까?

: 일한다는 것에 대한 물음

가끔 졸업생에게서 취업활동에 관한 상담을 받는 경우가 있다. 예전에는 대학에 입학하면 입시에서 해방되기 때문에, 남은 일은 마음에 드는 교수의 수업에 몰두하거나, 졸업논문 주제를 생각하거나, 동아리 활동을 하거나, 열심히 아르바이트를 하거나, 연애를 하는 것 따위로 채워졌다. 그러나 지금은 취업 때문에 입학 후에도 학원에 다니는 학생이 많다고 한다.

....

*   저자는 전작에서 다음과 같이 설명하고 있다. "사람은 나약한 존재이므로 자기 자신을 잃지 않기 위해 확고한 가치관을 가지고, 나아가 동료들과 연대하지 않으면, 억제력을 잃고 자기를 잃은 자가 지니는 '불안에 휘말린 능동적 허무주의'에 빠진다. 인권을 주장하기보다도 회사인간이 되는 것에서 자신의 삶을 찾아내려고 하게 된다. 또는 자기 자신의 인생에서 즐거움이 없으므로 시키는 일을 처리하는 것을 삶의 보람이라고 믿으려 한다. 일을 하며 자기를 잊으면 다른 것을 생각하지 않게 되며, 가족을 돌보기 위해서라는 변명도 할 수 있다. (…) 일본 사회에서는 주위에 잘 보이고 싶기 때문에 자기희생과 자기현시가 희생적 정신으로 평가된다. 그 때문에 자신의 욕구와 마주하는 것을 피하고, 일벌이라는 것을 자랑스럽게 생각하는 나르시시즘에 빠진 사람이 수없이 많다. 그런 사람들은, 정말로 사회를 위해, 세계시민으로서, 보답을 바라지 않는 행동을 해야 할 때가 되면 냉담해진다." (데루오카 이츠코, 『부자 나라, 가난한 시민』, 홍성태 옮김, 궁리, 2007, 121~122쪽)

나는 사회인으로 산다 ˙:

아르바이트는 일절 하지 않고 공무원 시험 대비 학원에 다녀, 바라던 대로 후생노동성에 들어간 학생이 있었다. 성실하고 우수한 학생이었다. 남들도 부러워하는 취직에 부모는 오죽 기뻤을까. 하지만 취직 후 몇 달 지나지 않아서 그는 일을 그만두고 싶다고 말했다. 걱정하는 부모와 함께 그 청년의 이야기를 들어봤다.

4월에 후생노동성에 들어가 담당부서에 배속된 이후, 정해진 근무시간대로 퇴근한 적이 없었다. 국회가 개회 중이라 발이 묶여서 계장이나 과장은 전혀 집에 갈 수 없었다고 한다. 갓 들어온 그도 새벽 두세 시나 돼야 귀가할 수 있었고, 다음 날에는 아침 여섯 시에 집을 나섰다. 상사는 "우리는 책상 위에서 잤다"고 으스대며 말했다. "우리는 책상 위에서 잠을 자지만, 자네들은 그렇게 일해서는 안 돼"라는 말이라면 그런대로 이해할 수 있겠다. 더구나 책상 위에서 잔다고 무슨 의미가 있겠는가. 그저 국회를 위한 대기일 뿐이다.

어느 날 두 번이나 서류를 잘못 작성한 그에게 계장이 연필을 집어던진 일이 있었다. 그것이 모욕이라거나 그런 처사에 화가 났다는 말이 아니다. 그때 그는 마음 깊은 곳에서 억누를 길 없이 솟구쳐 나오는 '일한다는 것의 의미'를 처음으로 진지하게 생각했다. 그에게 관료라는 일은 삶의 보람이 아니라는 것을 확실히 깨달았고, 세상의 기준으로 보면 수입이나 사회적 지위가 낮더라도 보람을 느끼며 인간으로서 성장해갈 수 있는 직장으로 옮기자고 결심했다고 한다. 아마도 그는 직접 몸으로 겪으면서 자신에게 일한다는 것이 어떤 의

미인지를 확실히 깨달았을 것이다. 그리고 부모도 그런 결정에 대해 "제멋대로군", "학원까지 보내줬는데", "취업난 시대에 아깝지도 않냐"는 말을 전혀 하지 않고 자식의 마음을 알아주었던 것 같다.

많은 사람들이 부러워하는 직업이라든지, 수입이 많다든지, 해고당하지 않는다든지, 사회적 지위가 높다든지, 좋아하는 일을 할 수 있다든지 등등, 사람들이 직업을 고르는 이유는 가지가지다. 하지만 일을 해보고 나서야 비로소 자신의 길을 발견하는 경우도 있다. 그러나 많은 사람들이 직장을 옮기면 더 나쁜 조건의 일밖에 없다는 생각에 그만둘 결심을 하지 못한다.

그는 퇴직 후 아르바이트를 해가면서 교사 자격증을 따고 채용시험에도 합격해 지금은 교사가 되었다. 그가 말하길 관료 시절과는 전혀 다른 보람을 느끼고 있다고 한다. 예전에는 하루 종일 일하는 시간이 느릿느릿 좀처럼 가지 않아서 고통스럽기까지 했는데, 지금은 날아갈 듯 시간이 흘러가고 아이들과 지내는 하루하루가 정말 즐겁다고 한다.

개인의 인생은 우선 어느 정도 안정된 기반이 없으면 인간다운 판단도 희망도 싹트지 않는다. 궁지로 내몰려 다급한 환경 속에서 내린 판단은 번번이 선택을 그르친다. 취업난도 그중 하나이며, 그가 경험한 일도 그럴 것이다. 경쟁사회가 성과주의와 자기책임을 강조하고 막다른 환경을 만들어내면, 이런 상황에 놓인 인간은 더욱더 자기 자신과 그 주변의 좁은 사회밖에 보지 못하게 되지 않을까?

초등학교 교사에 따르면 "1학년생들이 의식하는 사회"란 자기 자리 주변, 앞뒤의 몇 명으로 이루어진다고 한다. 조금 떨어진 자리에 있는 친구나 한 줄 건너에 있는 친구는 그다지 의식 속에 없다고 한다. 그러다가 나이가 들면서 조금씩 동료를 의식하는 범위가 넓어지고, 4학년 정도가 되면 비로소 학급 전체를 '자신들의 사회'로 의식하게 된다.

인간은 나이가 들면서 더 넓은 사회를 의식하고, 사회인으로 출발할 준비를 할 수 있게 된다. 학교는 학력뿐 아니라 사고력과 더불어 사회성을 기르는 중요한 장소다. 예를 들어 일본의 교육은 "제멋대로 굴면 안 된다"는 식의 교육이 되었다. 그러나 그것은 관리자인 어른의 입장에서 만든 규율이지, 아이들이 꼭 분별이 없는 것은 아니다. 예를 들어 다수결에 따르지 못하겠다는 친구가 있을 경우, 아이들은 꼭 다수결로 해결하려 들지 않는다는 이야기를 들은 적이 있다. 남들과 다른 취향을 갖고 있기 때문에 다수자가 못 되고 언제나 자신의 욕망을 단념해야 하는 친구의 기분을 헤아린다는 것이다. 저마다 짚이는 구석이 있다는 듯, 아이들에게 다양성은 매우 자연스런 것이다. 내가 어렸을 적에도 '모자란 애'로 불리는 아이는 따돌림당하지 않았고, 놀이규칙을 위반해도 너그럽게 봐주었다. 버릇없이 굴면 안 된다고 타이르기만 하는 교사보다도 아이들이 훨씬 더 훌륭한 사회성을 지녔다고 할 수 있다.

그런데 만약 어른들이 교육에 관리주의와 경쟁원리를 들여오면 아이들의 사회성 발달과 관용정신은 손상되지 않을까? 더욱이 사회에 나오면 경쟁사회의 "숫자로 드러나는 성과주의"와 이윤 또는 해고 불안이나 애사愛社정신이 오히려 시야를 편협하게 만들고 사회성에 역행하는 퇴행현상을 강요하는 것처럼 보인다. 회사원이 된 졸업생이, 본래대로라면 표리일체의 관계에 있을 '자기책임과 사회적 책임'을 분리시켜, 같은 사회에서 살아가는 시민과의 연대감마저 잃어가는 것을 볼 때가 있다.

∶ '회사인'과 '사회인'

사회인이 될 수 없는 성인들을 생각하면, 나는 항상 20년 전에 나온 책 한 권이 떠오른다.

다나카 미쓰히코田中三彦의 『원자력발전, 왜 위험한가?: 전직 설계기사의 증언』(1990)이라는 책이다. 원자력발전소의 구조와 위험성을 일반인도 이해할 수 있도록 과학적·객관적으로 조리 있게 설명할 뿐만 아니라, 전문기술직인 다나카 씨가 사회인·시민의 한 사람으로 돌아와서 고민하는 흔적을 행간에서 읽을 수 있다.

나는 체르노빌 원전 사고가 있던 1986년부터 1987년까지 베를린에 있었다. 그때 방사성 물질의 확산 상황과 매일의 식품오염 데이터가 구체적으로 밝혀진 독일과, 후쿠시마 원전 사고가 났을 때 "지금 당장 건강에 미치는 영향은 없다"는 말만 반복하면서 핵심인 원전의 구체적 상황은 밝히지 않은 일본의 차이가 너무도 크게 느껴져서 다나카 씨의 책을 다시 한 번 읽어보고 싶어졌다.

다나카 씨는 도쿄전력 후쿠시마 제1원전 4호기의 압력용기를 제조한 바브콕히다치Babcock日立사의 사원으로 압력용기 설계부문에서 일했다. 원전의 심장부라는 압력용기가 완성되었을 때, 그 용기에 법규를 초과한 결함이 발견되었고 검사에도 통과하지 못할 것이라는 점이 밝혀졌다. 책에는 결함 해결에 동원된 다나카 씨가 그 당시, 그리고 그 후에 무슨 생각을 했는지, 기업의 사고방식, 국가의 대응, 그 배경에 있는 일본 사회의 습성이 어떠했는지 등이 사실적으로 묘사되어 있다.

후쿠시마 원전 사고가 나면서 우리는 TV를 통해 이 압력용기의 구조를 알게 되었지만, 그 이전에는 원전의 심장부에 해당하는 압력용기가 어떻게, 어느 회사에서 만들어지고, 만약 제품 어딘가에 법규를 초과한 결함이 있을 경우 어떤 일이 벌어지고 어떻게 처리되는지, 무엇보다 그때에 안전성은 어떻게 되는지를 구체적으로 알지 못했다. 회사 내에서조차 함구령이 내려져 당사자 외에는 아무도 압력용기에 불량이 나왔다는 것을 알 수 없었던 만큼 외부 사람들이 알기란 더더욱 어려웠다. 자세한 내용은 책에 상세히 쓰여 있다. 아무튼 이 압력용기는 관련법규의 허용범위를 초과하여 용기의 원형 단면이 타원형으로 뒤틀려서 그것을 다시 한 번 열처리하여 뒤틀림을 바로잡는 작업을 하게 되었다. 그 작업의 후유증으로 당연히 소재에 어떤 열화劣化가 생길 것을 예상했지만, 그 열화 정도나 영향을 수량적으로 평가하지 못한 상태에서 교정 작업이 강행되었다.

그 후 다나카 씨는 자발적으로 회사를 그만두고 저술과 번역 일에 전념한다. 그리고 어느 심포지엄 자리에서 오랫동안 마음에 품고 있던 불안과 고민을 말하게 되었다. 그것은 이 압력용기 교정 작업과 용기의 안전성이 확인되지 않은 채 도쿄전력에 납품되고, 도쿄전력도 아무런 의심 없이 후쿠시마 원전 4호기로 가동하게 된 것에 대한 불안감이었다. 이 책의 후기에는 다나카 씨가 전문기술직 회사원을 그만두고 사회인이 된 후 심경의 변화가 적혀 있다. 내용이 길지만 인용하고자 한다.

원전 설계에 관여했을 때 (⋯) 적어도 나는 (⋯) 원전 건설이라는 것이 지역사회에 어떤 영향을 줄지 한 번도 생각해본 적이 없다. 원전이 지역의 양상을 또는 개인의 생활을 크게 바꿀 것이라는 데까지 생각이 닿았던 적이 한 번도 없었다. (⋯) 기껏해야 그것은 원전을 지탱하는 '고도의 기술'을 일반인이 이해할 수 없기 때문일 것이라는 정도의 생각이었다. (⋯) 많은 원전 기술자의 심리상태는 당시도 그렇고 지금도 다르지 않을 것이라 생각한다. 조직의 역학은 사람의 마음을 어떤 특유한 상태로 만든다. 비판정신은 의식 아래로 내려가고, 가치판단은 정지되며, 조직의 목적―원전을 만든다는 것―을 향해 자기를 초월해버린다. 그러한 상태에서는 자신이 지금 무엇을 하고 있는지 사회라는 더 큰 맥락에 놓고 생각하지 않으며, 또 생각할 수도 없다. 그것은 심리학에서 말하는 일종의 방어기제이겠지만, 조직이라는 것은 언제나 개인의 심리상태에 그런 마법을 걸기 마련이다. 우연히 속하게 된 조직이 원전 기업이었다 혹은 전력회사였다는 것만으로 사람은 그날부터 열정적인 '원전추진자'로 바뀐다.

다나카 씨가 말하는 '조직의 역학'을 보여주는 사례를 찾아내는 건 어렵지 않다. '규슈전력 여론조작 사건' 역시 개인과 기업이 어떻게 사회와 마주했는지를 보여주는 전형적인 사례다. 사건은 다음과 같다.

후쿠시마 원전 사고 이후, 원전 재가동에 대한 경제산업성의 TV 설명회가 있었다. 규슈전력 임원이 사원들에게 일반 시민을 가장하여 재가동 찬성 메일을 보내도록, 문안까지 첨부해서 지시한 사건이 드러났다. 그 조작 메일이 없었다면 원전 재가동 반대파의 의견이 많았을 텐데, 가짜 메일 탓에 재가동 찬성이 많다는 허위결과가 나왔다. 사건의 발단은 주민 전체의 입장에 서야 하는 후루카와 야스시古川康 사가 현 지사의 발언*이었다. 이는 규슈전력의 정치헌금과

....

* "후루카와 지사는 원전 재가동 문제에 관한 지역 찬반 토론회를 앞두고 규슈전력 부사장 등을 만나 '이번 기회에 (원전) 재가동에 찬성하는 목소리를 내놓아야 한다'며 여론조작을 요청한 것으로 드러났다. 자치단체장이 자신을 뽑아준 지역유권자의 의사를 무시하고 전력회사와 함께 친(親)원전 쪽으로 여론조작을 했다는 점에서 후루카와 지사에 대한 비난이 쇄도했다." (《세계일보》 2011년 7월 31일)

기부로 유착된 정치가와 전력회사의 일상적인 관계에서 벌어질 수밖에 없었던 사건이다. 여론 조작을 지시한 임원도 임원이지만, 지시를 받았다고 그대로 실행한 사원도 문제다. 이것이 과연 폐쇄적인 촌구석의, 촌뜨기일 수밖에 없었던 사람들의 이야기일 뿐일까?

이 여론조작사건 해명에 나선 규슈전력 사장은 "나는 회사를 사랑했다"고 말했다는데, 애사정신을 들먹이면 여론의 동정을 받을 수 있으리라고 착각한 걸까? 애사정신이란 회사가 사회의 신뢰를 받을 수 있다는 것을 기본으로 고취하는 것 아닌가? 사회의 신뢰를 얻지 못하고 사회와 동떨어진 회사 따위는 있을 수 없다. 그런데 이뿐만이 아니다. 시코쿠전력에서도 사원들을 설명회에 동원해 시민을 가장해서 원전 찬성 의견을 발언하게 했다. 그 또한 원전 설치라는 목적을 달성하려면 수단을 가리지 말라고 경제산업성이 배후에서 지휘봉을 휘두른 사건이다. 홋카이도전력 도마리 원전 재가동에서도 비슷한 조작이 있었다고 한다.

예를 들어 햄 등에 혼합물을 넣어 겉보기만 좋게 만든 식품을 '위화^{違和}식품'이라고 한다. 그렇다면 모두가 서로를 속이고 겉모양만 그럴싸하게 만든 사회를 '위화사회'라고도 할 수 있지 않을까? 2012년 현재, 올림푸스사의 투자손실은폐 분식회계로 중역진이 형사 책임을 추궁당하고 있는데, 이것은 그 사람들이 사회인으로서의 시야를 갖지 못했기 때문에 벌어진 일이다. 최근에 우리가 본 것만도 유키지루시 집단식중독사건*, 니혼햄 쇠고기 허위표시사건**, 미쓰비시 자동차 리콜은폐사건***, 내진^{耐震}강도 위장 맨션 판매사건****, 라이브도어 증권거래법 위반사건*****, 무라카미펀드 내부거래사건******, 콤슨의 요양보험수가 부당청구사건*******, 후지야의 유통기간이 지난 재료 사용 사건********, 미트호프식육허위표시사건*********, 히다규허위표시사건**********, 센

....
* 2000년 6~7월에 걸쳐 오사카 지역을 중심으로 유키지루시(雪印)유업의 유제품을 먹고 1만여 명이 집단 식중독을 일으킨 사건.
** 일본의 대표적인 육가공업체인 니혼햄(日本ハム)이 일본 정부의 광우병 발생 대책인 쇠고기 수매제도를 악용해 2001년 10~11월에 걸쳐 수입 쇠고기를 국내산으로 위장 신고하여 보조금을 가로채다 적발된 사건.
*** 2002년 미쓰비시(三菱)자동차공업의 대형 트럭에서 차바퀴가 떨어져나가 보행자가 사망하는 사고가 발생하자, 미쓰비시 측은 사고 차량의 정비불량을 강조하며 책임을 모면하려 했다. 하지만 국토교통성 조사 결과, 경영진이 결함 사실을 알고도 이것을 은폐했다는 사실이 드러났다.
**** 2005년 11월 일본 국토교통성은 맨션과 호텔 등 합계 21동의 내진구조계산서에 허위가 있었다는 사실을 발표했다. 건축사 아네하 히데쓰구(姉齒秀次)가 필요한 철근 수를 기준보다 아주 낮게 허위로 계산하여 건축물이 진도 5의 지진도 견딜 수 없다는 것이 밝혀졌기 때문이다. 이로 인해 피해 주민들은 거처를 옮기거나 재건축이 불가피해 이중의 대출을 떠안게 되었다.
***** 2006년 1월 16일 일본의 대표적인 IT기업인 라이브도어가 주식분할, 정보 조작, 허위 사실 유포 등의 수법으로 주가를 조작한 것이 발각된 사건.
****** 2006년 6월 무라카미(村上)펀드가 니혼방송 주식으로 부당내부거래를 해 막대한 시세 차익을 챙기다 적발된 사건.
******* 2007년 9월 일본 최대의 방문요양업체인 (주)콤슨(コムスン)이 경영부실과 노인요양 서비스요금 부정청구 사실이 적발되어 정부의 폐쇄 명령을 받은 사건.
******** 2007년 1월 일본의 유명 제과업체인 후지야(不二家)가 유통기한을 넘긴 재료로 과자를 제조했다는 사실이 적발되면서 제품 제조와 판매가 중지된 사건.
********* 2007년 6월 가공식품 도매회사 미트호프가 수년간 다진 쇠고기 제품에 닭, 돼지고기를 혼합하고도 쇠고기 100%라고 허위표시를 한 것이 발각된 사건.
********** 히다규(飛驒牛)는 기후 현 히다 지방에서 사육되는 소를 지칭하는 유명 쇠고기 브랜드로, 2008년 6월 기후 현 내 식육도소매상인 '마루아키'가 아이치 현산 쇠고기를 기후 현 '히다규'로 속여 팔다 단속에 걸린 사건.

바킷초 산지 허위표시 및 먹다 남은 음식을 다시 제공한 사건*, 시로이 고이비토**와 아카후쿠***의 유통기한이 지난 상품 판매사건 등 회사 전체의 부정사건이 무수히 일어나고 있다. 그것을 지휘한 임원이나 부정을 알면서도 그 지시에 따른 현장 사원은 과연 사회인의 한 사람으로서 어떤 마음으로 부정을 저질렀던 것일까?

'사회인'으로서의 의식이 사라지면 미래에 대한 책임도, 희망도, 더 나은 사회로의 개혁 의지도 사라지고, 간교하고 약삭빠른 처세술만이 삶의 목표가 될 것이다. 그 결과 사람들이 각자 자기 이익만 생각하는 살기 힘든 사회가 될 것이다. 회사가 요구하는 인재의 자질은 당장 써먹을 수 있는 실전능력即戰力이라고 하는데, 자기 주변만이 시야에 들어 있고 사회 전체를 생각할 수 없는 전문적인 실전능력이란 대체 무엇이란 말인가. 실전능력만 강조되면 '사원의 실전능력'은 쉽게 반사회적인 행동으로 이어진다. 오히려 지금은 '전체성과의 관계 속에서 발휘되는 전문성'이 필요한 시대다.

....

* 2007년 11월 오사카 시의 고급 음식점 센바킷초(船場吉兆)가 쇠고기 산지를 위장해 판매하다 발각된 데 이어, 수년간 손님들이 먹다 남은 음식을 다른 손님들에게 제공해온 사실이 밝혀져 큰 충격을 준 사건.

** 시로이 고이비토(白い恋人)는 홋카이도의 유명 제과업체 이시야(石屋)제과가 제조 판매하는 초콜릿 과자로, 2007년 8월 제품 유통기간을 허위로 표시하다 적발되어 판매정지를 당한 사건.

*** 아카후쿠(赤福)는 미에 현 이세 시의 유명 전통제과점으로, 이 업체는 팔고 남은 제품을 폐기하지 않고 회수, 냉동시켰다가 다시 출하할 때 제조일자를 위조 표기해오다 적발되었다.

나는 사회인으로 산다 ∴·

: 폐쇄적인 무라^村사회[*]에서는

책임을 따지자면 회사인간만이 아니다. 신문 사회면에는 가지각색의 '변칙' 사회인이라 할 만한 사람들이 등장한다. "개인은 동시에 사회인"이라는 자각이 없기 때문에 손에 식은땀을 쥐게 하는 사건도 일어난다. 가부키^{歌舞伎}계의 왕자로 명성이 자자한 어느 젊은이는 동네 선술집에서 싸움을 일으키고는 죽을 뻔한 위험에서 도망쳤다. 그 사건이 보도되자 기자회견 자리에서 그는 "사회인의 절도^{節度}를 저버렸다"며 사죄하고, 그 후 거의 1년 동안 무대에 서지 않았다.

"사회인의 절도를 저버리다"라는 말이 시사 영어에 "I lacked the restraint of a full-fledged member of society"로 오를 만큼(《헤럴드 아사히》 2010년 12월 18일), 이 사건은 사회적으로 물의를 일으켰다. 사람들은 이 사건을 단지 개인의 처신 문제로 받아들이지 않았다. 사회와 단절된 생활 속에서 판단력을 정상적으로 유지하는 것이 얼마나 어려운지를 깨달았던 것이다.

아무리 사회적으로 명성이 높아도 폐쇄적인 세계의 경험만으로는 '인간으로서의 자존 의식'이 길러지지 않는다. 왜냐하면 열린 사회의 생생한 만남 속에서 우리가 배우는 것은 사람들의 다양한 삶

---

*   무라(村)사회. 폐쇄적이고 인습에 사로잡힌 사회를 마을에 비유해서 일컫은 말. 주로 담합조직, 학계, 정계, 기업 등에 빗대어 사용된다.

의 방식이기 때문이다. 그 속에서 우리는 매사를 대하는 상대적인 관점을 배운다. 만약 사회로부터 격리되어 닫힌 세계에서 산다면 사람들은 일방적인 관점이라는 불행을 짊어지게 되지 않을까?

협잡과 도박과 폭력으로 비난을 받은 일본씨름계에 대해서도, "스모의 세계는 사회로부터 격리되고 막혀버린 별개의 세계여서, 사회인으로서의 의식을 갖기가 어려운 환경이다. 그렇기 때문에 사회인으로서 일의 선악을 판단하는 힘이 길러지지 않는다. 닫혀버린 특수한 사회의 벽에 구멍을 내는 것이야말로 진정한 스모계의 개혁"이라는 대대적인 비판이 있었다.

스모계에만 해당하는 얘기가 아니다. 원자력 업계처럼, 원전에 비판적인 사람이나 의견을 철저히 따돌리는 연구기관과 기업도 있다. 그 결과가 후쿠시마 원전 사고라는 대참사였다고 해도 과장이 아니다.

지금까지 말한 것처럼, 사회경제적 지위가 높은 재계 인사나 학자이면서도 사회인으로서는 걸맞지 않는 사람이 있는 반면에, 사회인으로 살고 싶어도 그럴 수 없는 사람이 있다.

장애인 자활센터 개선에 오랫동안 매진해온 한 친구는 말한다. 같은 사회에서 살고 있지만 아무리 원해도 사회인의 한 동료로서 낄 수 없는 처지의 사람도 있다고. 사회인으로서 동료의식을 갖고 함께 살아가는 것이야말로 인간의 최고 행복이지만, 자립의 길이 막히고 사회에서 배제되어 사회의 동료로 함께할 수 없는 사람들을 생각해주길 바란다고.

　장애인뿐만 아니라 암이나 오랫동안 우울증을 앓는 사람들이 가장 고통스러워하는 것은, 수입과 직장을 잃는 데다가 사회에서 잊혀 더 이상 사회인이 아니게 되는 것이라고 한다. 환자는 질병만이 아니라 사회로부터의 탈락을 두려워하고 고독에 빠진다. 그 밖에도 은둔형 외톨이* 청년이나 노숙인, 형^刑을 복역하고 있는 사람들도 사회인이라는 의식을 빼앗긴 사람들일지 모른다. 사회인이 될 수 없는 사람들에게는 뭔가 비극적인 요소가 따라다닌다.

： 사회와의 연결에 대한 굶주림

앞서 말한 것처럼, 청년들의 취업난이 사회인으로 출발하는 것을 어렵게 하는 것도 큰 사회문제지만, 이미 직업을 가진 사람이라 하더라도 직업을 통해서 사회와 연결되어 있다고는 해도 직업을 떠난 일상생활의 장에서 사회와 마주하는 경험이 풍부하다고 하기는 어렵다. 그래서 정년퇴직을 하고 나면 사회로부터 격리될 것 같은 불안감에 비로소 사회와 자신의 관계를 생각하게 된다. 한창 일하고 있을 때

....
*　　　히키코모리(引き籠もり). '틀어박히다'는 뜻의 일본어 히키코모루(引き籠もる)의 명사형 단어로, 사회생활에 적응하지 못해 방에 틀어박혀 타인이나 사회와 일절 접촉하지 않은 채 생활하는 이들을 일컫는 신조어다.

경험하는 사회는 대개가 거래처이거나 고객이거나 직업에 관련된 세계였을 것이다. 또 직장에서는 정해진 인간관계가 있었을 것이다. 그러나 퇴직 이후 고령자로서 삶의 어려움과 마주하면, 일하고 있을 때와는 다른 사회와의 관계를 싫든 좋든 의식하게 된다.

현역시절만큼의 수입을 바랄 수 없는 고령자 세대에게는 물가나 세금, 연금이나 사회보험제도의 변화가 직접적으로 영향을 미치게 된다. 그리고 사회의 지원이 한층 더 필요해지지만, 직장에서는 자연스럽게 존재했던 인간관계나 사회와의 관계가 퇴직과 함께 사라져간다. 사회의 지원이란 금전이나 현물, 사회보장 등의 제도만이 아니다. 인간관계 자체도 그러한 지원인 것이다. 인간은 사람들과 만나고, 대화하고, 자신과는 다른 세계에 대해 알고, 찬성 여부와는 별개로 대화와 논쟁과 공감을 통해서 새로운 지식과 경험을 얻는다. 그것이 판단력을 풍부하고 확실하게 해준다. 그럼으로써 안도감도 느낀다.

어느 날 밤늦게 전화벨이 울렸다. 나는 한밤중까지 책을 읽거나 글을 쓰기 때문에 밤늦은 전화를 별로 괘념치 않는다. 그 친구는 초등학교 시절부터 친구여서 특별한 용건이 없어도 전화를 거는 일이 종종 있었다. 하지만 그처럼 늦은 전화는 처음이었다. 마음 한구석에 '무슨 일이지' 하는 생각이 들었다.

그녀의 목소리는 비명과도 같은 절규에 가까웠다. "내가 미친 건지 정신에 이상이 생긴 건지 솔직하게 대답해줘"라며 그녀는 절절하게 이렇게 얘기했다.

"너는 아직 자신의 의견을 발표할 곳이 있고 자기 의견에 응답해 줄 상대가 있지. 하지만 나는 그런 게 없어. 그런 게 없다는 허기를 과연 너는 알까? 살아가는 데 가장 중요한 것은 타자와 관계를 맺고 있다는 것, 응답을 받음으로써 자신의 존재를 실감할 수 있다는 것, 모르던 것을 알게 됨으로써 새로운 지식을 얻는 놀라움과 기쁨이 있다는 것. 이런 게 아닐까? 그건 아무리 나이를 먹어도 변하지 않는 인간의 근본적인 욕구야. 현역 시절과 달리 혼자가 되고 보니 새삼 그런 욕구를 느껴. 타인과 대화하면서 그 욕구를 채우고 싶어도, 요즘 사회는 그걸 민폐로 여기고 사람들은 차갑게 떠나가버려. 응답해줄 상대가 없으니 나는 고독해질 뿐이야. 이래서는 도저히 살 수가 없어. 그런데 이렇게 생각하는 내가 어딘가 좀 이상한 걸까?"

나는 "그렇지 않아. 그건 인간의 당연한 욕구니까"라고 대답했다. "좋은 계절이 왔네요"나 "저 가게는 싸고 맛있어" 하는 이야기라면 타인과의 대화도 간단할지 모르겠다. 하지만 그녀가 원하는 서로 응답해주는 인간관계란 자기가 살고 있는 '사회'와 뭔가 주고받을 수 있는 그런 인간관계다. 어떻게 그 바람을 이룰 수 있을까 하는 이야기가 되면 문제는 어려워진다. 그녀는 혼자서 TV를 보며 지내는 수동적인 생활로는 자신의 판단에 확신을 가질 수 없기 때문이다. "주민회관이나 도서관, 취미활동, 대학 연구동아리 등에 참가해서 동료를 만드는 게 어때?" 이것이 기껏해야 내가 해줄 수 있는 조언의 전부였다. 하지만 그것도 건강해서 자유롭게 외출할 수 있는 동안의 이야기다. 나이가 들어도 사람은 사회인으로서 살아가고 싶어 한다. 하지만 그렇게 살려면 어떻게 해야 할까?

　지역에서 시민운동에 참가하거나, 같은 취미를 가진 동료들과 함께 즐기는 일상적인 관계가 있다면 그런대로 사회와 연결될 수도 있다. 꽃꽂이나 합창단이라도 친숙해지면 타자와 공유할 시간과 공간이 있다. 문화 예술을 통한 유대도 사회적 관계의 일부이며, 거기서도 협력관계를 이어가거나 서로 자극을 줄 수 있다. 하지만 그런 일상의 장이 없다면 어떻게 될까? 지금은 친척과의 교제도 드물고, 한 동네에 산다는 인연으로 서로 친해지는 것도 사생활이라는 벽이 있어서 좀처럼 문턱을 넘지 못한다. 하는 일 없이 지내면 고독해지는 것은 당연하며, 같은 아파트 내에서도 일상적으로 이야기를 나누는 관계는 생기기 어렵다고 한다. 머잖아 나도 어느 날 누군가에게 그런 비명을 터뜨리게 되려나 하는 생각이 들었다. 사람은 빵으로만 사는 게 아니다. 혼자 사는 것이 자연스런 것도 아니다. 그녀의 허기가 느껴져서 그날 밤 나는 좀처럼 잠들지 못했다.

　사람은 인간관계를 상실하지 않기 위해, 또 인간관계를 새롭게 쌓아가기 위해 의도적으로 사회에 관여해가지 않으면, 혹은 사회에 관여하기 위해 인간관계를 만들어가지 않으면, 고독이 살금살금 다가온다. 사람은 개인으로서 누구도 침범할 수 없는 자기만의 세계를 갖는 동시에, 다른 한편으로는 사람들과 연결되는 사회적인 세계에서 살아간다. 이 두 개의 세계가 표리일체되지 않으면 충족감을 느끼는 인생을 보낼 수 없다. 지금은 노동의 형태도 개인 단위의 비정규직 노동이 많아져 외톨이가 되기 쉬운 시대인지도 모르지만, 분명히 사회인이 되기는 어려운 시대다. 그러나 많은 사람들은 개인으로 살아가는 것만으로는 뭔가 부족하고 불안해서 어쩔 줄 몰라 하고 있다. 고독은 건강을 갉아먹고 수명을 단축시킨다고 한다.

사회인이란 도대체 무엇일까? 사회인으로서 응답받는 인간이기 위해서는 어떻게 해야 할까?

: 세상을 만들어내는 '분자'의 발견

내 자신을 돌아보면, 사회를 의식하기 시작한 건 초등학교를 마치고 중학교에 진학할 무렵이지 않았나 싶다. 일본이 전쟁에 돌입했던 시절이다.

생각나는 것은 중학생인 코페르가 등장하는 요시노 겐자부로의 『그대들, 어떻게 살 것인가』*라는 책이다. 이 책은 출간된 지 80년이 지난 지금까지도 식지 않는 사랑을 받고 있다.

....

* 『君たちはどう生きるか』. 20세기 일본을 대표하는 지식인으로 일본의 대표적 잡지 《세카이(世界)》 초대 편집장을 지낸 요시노 겐자부로(吉野源三郎)가 1937년에 쓴 청소년들에게 띄우는 에세이. 우리말 번역본은 『그대들, 어떻게 살 것인가』, 김욱 옮김, 양철북, 2012.

코페르란 주인공인 혼다 준이치가 코페르니쿠스적 발견을 한 데서 그의 외삼촌이 지어준 별명이다.

코페르의 새로운 발견이란 대체 무엇이었을까?

어느 날 코페르는 빌딩 옥상에서 주위를 둘러보던 중, 사람들이 오가는 거리에서나 주변의 빌딩 창문 안에서 코페르를 보고 있을지도 모를 많은 사람들 중의 하나가 바로 자기 자신이라는 이상한 감각에 사로잡힌다.

알다시피 코페르니쿠스는 1543년 5월 13일, 혁명적인 출판이라고 하는 『천구天球회전론』을 통해 천동설에서 지동설로, 당시의 사회적 상식을 뒤집은 천문학자다. 그 당시 사람들은 지구를 중심으로 태양과 별이 지구 둘레를 돌고 있다고 눈에 보이는 그대로 믿고 있었지, 자기가 서 있는 대지가 움직이고 있다고는 상상조차 하지 못했다. 기독교회도 지구가 우주의 중심이라고 가르치고 있었다.

인간이라는 존재는 항상 자기를 중심으로 사물을 보거나 생각하는 속성이 있기 때문에, 어린 시절에는 누구나 지동설이 아니라 천동설적인 생각을 한다. 그것이 어른이 되면 많든 적든 지동설적인 사고로 바뀐다. 드넓은 세상이라는 것을 먼저 생각하고, 그 위에서 이런저런 사물과 인간을 이해해간다. 그러나 저 좋은 것만 보려는 자기중심적인 사고는 세상이나 인생을 생각할 때도 역시 따라다닌다.

자신들의 지구가 우주의 중심이라는 생각에 매달려 있는 동안 인간은 우주의 참모습을 알 수 없었다. 그와 마찬가지로 자기만을 중심으로 해서 사물을 판단하면 세상의 참모습은 끝내 알 수 없다.

> "인간이란 정말 분자$_{分子}$같구나" (…) "그래, 네가 느낀 것처럼 한 사람 한 사람의 인간은 모두 넓은 세상 속에 하나의 분자이지. 모두가 모여서 세상을 만드는 것이고, 모두 세상의 파도에 실려서 살아가는 거야." (…) "넓은 세상의 한 분자로서 자신을 바라봤다는 건 결코 작은 발견이 아니야."

이게 바로 외삼촌이 코페르라는 별명을 지어준 이유다.

이 문장을 읽었을 때의 감동을 나는 지금도 또렷이 기억한다. 그것은 당시 딱 코페르 또래였던 내가 그처럼 사회라는 존재를 느끼기 시작해서였을 것이다.

： '분자'가 엮어내는 관계로 ：

이윽고 코페르는 분자 같은 존재인 각각의 인간이 그저 뿔뿔이 흩어진 분자인 채로 살아가는 것이 아니라, 눈에 보이지 않는 많은 사람과 서로 이어져서 이 사회가 이루어졌음을 깨닫는다. 일상에서 사용하는 어떤 물건도 누군가에 의해 만들어지고 누군가에 의해 운반되어 온 것이며, 그 물건의 배후에는 눈에 보이지 않은 수백 수천의 사람들이 서로 연결되어 일하고 있다는 사실을 발견한다. 코페르는 그것을 '인간 분자의 관계, 그물코의 법칙'이라고 이름 짓는다.

코페르가 사회인으로서의 자각을 획득해가는 과정은, 자기가 많은 사람들 속의 분자 하나라고 느끼는 것일 뿐만 아니라, 또 하나 거쳐야 할 중요한 경험이 남아 있었다.

그것은 사람과 사람의 또는 사회적인 사건과 자신의 관계를 깨닫는 인간다운 상상력을 가질 수 있느냐 없느냐의 문제였다.

사람과 사람, 사물과 사물의 관계를 철저하게 더듬어가는 일의 중요성을 코페르에게 가르쳐준 것도 역시 외삼촌이었다.

수학·광학·물리학의 천재라고 하는 아이작 뉴턴은 1660년대에 영국 케임브리지 대학에서 공부할 무렵, 나무에서 떨어지는 사과를 보고 만유인력의 영감을 얻었다고 한다. 그 이야기가 진짜인지 아닌지는 분명하지 않지만, 삼촌은 코페르에게 "어째서 뉴턴은 나무에서 떨어지는 사과와 만유인력을 결부시킬 수 있었다고 생각해?"라는 질문을 던졌다.

그러면서 삼촌은 뉴턴이 했을 사고 실험을 다음과 같이 상상해 보였다. 사과가 나뭇가지에서 떨어질 때 나뭇가지를 좀 더 위로, 좀 더 위로 끝없이 올리다보면 어느 지점부터는 물체가 떨어지지 않게 된다. 그 대목에서 뉴턴은 사과가 나뭇가지에서 떨어지는 것과 달이 지구 둘레를 도는 것에는 똑같은 원리가 작용한다고 생각했을 것이라는 추리이다.

그 추리에 촉발된 코페르는 흥분해서, 뉴턴이 사과를 좀 더 위로

좀 더 위로 올렸던 것처럼, 분자인 자기 주변 사람과 사람의 관계를 더 넓고 더 깊게 거슬러 올라가본다. 그리고 마침내 사회라는 진실에 도달했다.

코페르는 분유^{粉乳}가 어디에서 오는지, 어떻게 오는지, 누가 만들었는지, 젖소는 어디서 키우는지 차례차례 거슬러 올라가본다. 그러고는 모든 사람들이 그물코처럼 연결되어 사회관계 속에서 살아가고 있음을 발견한 것이다.

코페르의 눈앞에는 사람들이 그물코처럼 연결된 다양한 사회가 펼쳐진다. 그중 하나는 급우들 몇몇에게 놀림받고 무시당하는 두부가게 아들 우라카와를 감싸며 맞서주는 친구 갓찐에 대한 존경이었다. 코페르는 우라카와와 친구가 되고, 가난한 집들이 늘어선 허름한 동네에 있는 우라카와네 두부가게를 찾는다. 거기서 중학생인데도 두부 만들기 장인으로 어엿하게 제 몫을 하는 친구를 보고 깜짝 놀란다. 자신보다 더 가난한 집에서 자랐을 어린 점원에게 우라카와가 얼마나 상냥하게 대해주는지를 보며 코페르는 감동한다.

사회에 눈을 뜨는 것은 관계에 눈을 뜨는 것이고, 관계에 눈을 뜨는 것은 새로운 자기 자신에 눈을 뜨는 것이다. 관계를 거슬러 올라가는 사고 실험은 인간의 고유한 특징이 아닐까? 왜냐하면 인간은 직접 체험하지 못한 사회를 인식하고, 역사와 미래를 포함해 사회를 상상하는 힘을 지녔기 때문이다. 바꿔 말하면, 어른이 된다는 것은 사회인이 되는 것이다.

예를 들어 재해나 질병, 빈곤의 문제에 대하여 "나와는 관계없다"고 생각해버릴 것인가, 아니면 같은 인간으로서 타인의 슬픔과 기쁨을 상상하고 공감하는 감수성을 가질 것인가. 그리고 어떤 형태로든 거기에 손을 내밀 것인가 말 것인가. 그것은 사회인이 될 수 있을지 아닐지를 가르는 분기점이라는 생각이 든다.

상상하고 공감하는 것은 어떤 의미에서는 짐을 나눠지는 것이기도 해서, 누구나 자기방어 본능이 발동해 "나와는 관계없다"고 생각해버리고픈 유혹을 느끼는지도 모르겠다. 하지만 관계를 깊이 더듬어가는 것은 사물의 진리에 다가서는 것이기도 하다.

그와 반대로 범죄를 저지를 때의 인간이나 전쟁터에서 싸우는 병사는 어느 순간 함께 살아가는 사회인으로서의 감정을 잃어버리는 건지도 모르겠다.

예를 들어 사람이 중대한 범죄를 저지를 때, 앞뒤 분간 없이 어떤 감정에만 눈이 멀어 자신의 행동으로 상대방이 다치거나 죽은 뒤에 무슨 일이 일어날지, 죽은 사람에게는 어떤 가족이 있는지, 죽은 사람은 장차 인생에서 무엇을 하고 싶었을지, 자기가 받을 형벌이나 자기 가족에게 미칠 영향 등 주변 사회에 일어날 연쇄반응을 차례차례 상상해본 적조차 없었던 건 아닐까? 누구 하나 모두 관계 속에 있는 인간이라는 것을 생각해본 적이 없었던 건 아닐까?

전쟁에 참가한 병사도 마찬가지다. 사살된 적군의 군복 호주머니에서 나온 늙은 부모나 젖먹이를 안고 있는 젊은 엄마의 사진을 보고서야 비로소 전사자도 한 사람의 인간이라는 것을 떠올렸다는 병사의 이야기를 들은 적이 있다. 전사자의 가족이 떠안아야 할 그 후의 인생과 자신의 인생을 겹쳐보았을 때, 그것은 너무도 쓰라린 회상이었다고 한다. 한 편의 승리는 다른 편의 재앙일 뿐이라는 허망함……. 수천 수만의 인생의 무게는 자기가 진심으로 동의하고 납득할 수 없었던 추상적인 전쟁의 목적과는 비교조차 할 수 없는 무게였다고 그는 회고했다.

어른이 되기까지 우리는 이런저런 사건을 겪으며 혼란스러워하기도 하고 멈춰서기도 한다. 그때마다 내가 매번 떠올리는 것은 '그대들은 어떻게 살 것인가'라는 물음이었다.

: 어느 선생님과의 만남

그 후 어른이 된 나는 다시 『그대들, 어떻게 살 것인가』를 손에 들었다. 소녀시절에 이 책과 만나게 된 것은 다이쇼^{大正} 민주주의*라는 좋았던 시절의 저녁놀 같은 영향이 남아 있었던 덕분이다.

....

* 　　　1911~1925년에 걸쳐 일본의 정치, 사회, 문화 각 방면에서 일어난 일련의 자유민주주의운동을 말한다. 정당민주주의체제 확립과 선거권 확대를 위한 보통선거운동, 여성참정권운동, 노동자 농민의 지위향상운동 등을 주장했다. 그러나 이후 일본은 1929년 대공황의 여파와 1931년 만주사변을 거치며 군벌세력이 발호해 천황을 앞세워 군국주의, 파시즘으로 치닫게 된다.

이 책은 야마모토 유조[*]가 편집해 1935년부터 신초사[新潮社]에서 발간한 '일본 소[少]국민 문고'[**]의 마지막 권으로 1937년에 간행되었다.

그 당시 전시[戰時]체제하에서 학교교육은 전국적으로 일률적인 국정교과서를 사용하였으며, 그중에서도 특히 국어·도덕·역사 교과서는 일본 천황제 국가에 대한 찬미와 충군애국[忠君愛國]을 목적으로 만들어졌다. 유일하게 교과서가 없는 과목이 작문시간으로, 이 시간은 교사가 자유롭게 가르칠 수 있는 귀중한 시간이었다. 나는 사범학교(지금의 도쿄학예대학)부속 초등학교에 다녔기 때문에 작문이나 음악, 이과는 각각 전공과목 교사가 가르쳤는데, 작문교사는 시마다[島田] 선생님이라는 초로[初老]의 남성이었다.

다이쇼 민주주의 시기에 교육자가 되는 교육을 받았던 시마다 선생님은, 국가를 위해 아이들이 교육받는 것이 아니라 아이들 자신을 위해 교육이 있다는 새로운 사상을 지닌 분이었다. 그리고 작문시간을 통해서 그 신념을 실천한 것이다. 작문수업은 자유주의 교육자들의 보루였고, 그 배경에는 다이쇼 민주주의사회가 있었다. 다이

....

[*]　　　山本有三(1887~1974). 일본의 소설가, 극작가이자 정치가.
[**]　　　'일본 소국민 문고'는 일본이 군국주의와 파시즘의 길로 나아가고 있을 때 미래를 책임질 청소년들을 위해 기획된 시리즈다. 인본주의 정신의 힘을 믿었던 야마모토 유조는 "청소년들에게는 아직 희망이 있으므로 그들에게 편협한 국수주의와 반동사상을 뛰어넘는 자유롭고도 풍요로운 문화가 있다는 것을" 알리고자 이 문고를 편찬했다. '소국민'은 다음 세대를 짊어질 소년소녀를 뜻한다고 한다. (『그대들, 어떻게 살 것인가』, 김욱 옮김, 양철북, 2012, 261~262쪽 참조)

　　　　　　　나는 사회인으로 산다

쇼 민주주의사상은 그때까지의 옛날이야기나 도덕훈시적인 아동문학이 아닌 새로운 아동관에 근거한 잡지 《붉은 새^{赤い鳥}》*(1918~1936) 창간이나 생활 작문 운동으로 나타났다. 그 흐름은 전후^{戰後} 무차쿠 세이쿄**의 생활기록문집 『메아리 학교^{山びこ学校}』로 이어진다.

전쟁 기간 중 다른 선생님들은 이미 군대처럼 학생들 이름을 '야마다', '후지이' 하는 식으로 존칭을 떼고 이름만 불렀지만, 시마다 선생님은 꼭 '야마다 상', '후지이 상'처럼 상^{さん}을 붙여 불렀고, "…해라"는 명령조가 아니라 "…해주세요"라는 높임말을 썼다. 작문시간에는 전쟁의 정당성이나 천황제 찬미에 관한 말을 한 번도 들은 적이 없다.

시마다 선생님은 작문시간에 이따금 책을 낭독하며 독서의 즐거움을 말씀하셨다. 그중의 하나가 바로 코페르 이야기였다. 시마다 선생님이 추천해준 '일본 소국민 문고' 중에는 세계명작선이라는 두 권의 책이 있었다. 나는 그 책을 통해서 에리히 케스트너***의 『꼬마 아가씨와 안톤』을 알았고, 톨스토이의 『사람은 무엇으로 사는가』를 읽었으며, 로맹 롤랑의 『장 크리스토프』와 아나톨 프랑스의 『엄마

....

* 　　　아동문학가 스즈키 미에키치(鈴木三重吉)가 창간한 동화와 동요 중심의 아동잡지.
** 　　　無着成恭(1927~). 승려이자 일본의 교육자.
*** 　　　Erich Kastner(1899~1974). 독일의 시인이자 소설가. 기지와 유머가 넘치는 소년소설을 발표하여 소년문학의 새로운 분야를 개척하였다. 작품으로 『파비안』, 『에밀과 탐정들』 등이 있다.

이야기』에 빠져들었다. 미야자와 겐지*와 니이미 난키치**, 아쿠타가와 류노스케***의 책도 무척 좋아했다. 그리고 마치 그것이 도화선이된 듯, 나는 도서실에 있던 국내외 책을 섭렵하는 책벌레가 되었다.

당시 충군애국을 이야기하는 책도 많았고 군사 스파이나, 요즘 말로 하면 자폭을 감행해 자신을 희생한 군인의 전기도 있었다. 그러나 어쩐지 그런 책들은 케스트너나 니이미 난키치처럼 어린이의 마음을 사로잡지 못했다. 전쟁터의 모습은 뉴스 영화에서 종종 보았고, 작은 일장기를 흔들며 출정하는 병사들을 배웅했으며, 하얀 나무상자에 담겨 귀국한 영령을 맞이했고, 전의戰意를 고취하는 신문이나 방송도 끊이질 않았지만, 어쩐지 어린 마음에 그것은 바깥 풍경일 뿐, 마음으로 공감할 수 있는 것은 아니었다. 그것은 나 혼자만의 인상이 아니었다. 초중학교 독서 감상 발표회에서도 군국주의 미담을 집어든 학생은 한 명도 없었다. 군국주의 이야기는 오래 읽혀온

....

* 宮沢賢治(1896~1933). 일본을 대표하는 동화작가이자 시인.『주문이 많은 요리점』,『은하철도의 밤』등의 걸출한 작품을 다수 남겼다. 전쟁으로 처참해진 농촌 현실에 관심을 가져 농업학교 교사, 농촌운동가로도 활동했다.

** 新美南吉(1913~1943). 일본의 아동문학가. 어린 시절부터 문학에 눈떠 동요와 동시, 동화를 쓰기 시작했다. 대학 재학 시절 아동문학잡지《붉은 새》에 작품을 투고하는데 그의 대표작『금빛 여우』도 이 잡지에 게재되었다. 고향에서 교사로 근무하면서 아름답고 감성이 돋보이는 동화를 많이 썼으며, 결핵으로 29세에 생을 마쳤다.

*** 芥川龍之助(1892~1927). 일본의 소설가. 주로 단편소설을 썼으며 많은 걸작을 남겼다. 대표작으로「라쇼몽」,「코」,「지옥불」등이 있다. 그의 문학적 업적을 기려 신인들에게 수여하는 아쿠타가와상은 나오키상과 함께 일본 최고의 권위를 자랑한다.

나는 사회인으로 산다 ∴

명작과는 그 자질 면에서 비교도 안 되었기 때문일 것이다.

이윽고 일본이 전쟁에 돌입하면서 다이쇼 민주주의사회는 무너졌지만, 그 사회가 남긴 정신의 유산은 사회 구석구석에서 아이들에게 이어졌다. 좋은 사회는 후세에 전해질 좋은 유산을 남긴다. 다이쇼 민주주의와 그 시대의 아동문학운동에는 한계도 있었고 군국주의의 파도에 휩쓸려가버렸지만, 충군애국이라는 절대적인 국가도덕이 국민을 지배하던 시절에 코페르처럼 스스로 생각하고 마음에서 우러나오는 감정에 충실한 것은 분명 자아의 확립에 커다란 의미가 있었다. 그런 개인이야말로 사회를 만들어가는 주체이자 핵核이 되기 때문이다.

여담이지만, 코페르니쿠스의 지동설 확립에 영향을 준 것은 그가 1496년에 유학했던 볼로냐 대학, 르네상스운동이 절정이던 이탈리아 사회였다. 중세 교회의 금제禁制에서 해방되고, 고대 그리스의 자유롭고 수준 높은 학술이 재평가를 통해 되살아난 이탈리아 사회는 당연히 그리스의 천문학자 프톨레마이오스의 업적을 사람들 앞에 꺼내놓고 높은 평가를 부여했다. 프톨레마이오스의 혹성 운행에 관한 위대한 업적 가운데 그때까지 해결되지 않았던 문제를 지동설로 해결한 것이 바로 코페르니쿠스였다고 한다.

∶ 사회란 무엇인가

나는 전쟁을 겪으면서 사회가 개인의 인생을 얼마나 크게 좌지우지 하는지, 어떻게 전쟁이 개인의 행복을 한순간에 파괴해버리는지를 눈으로 봐왔기 때문에 개인과 사회가 분리될 수 없다는 것을 잘 안다. 20년 가까이 난민지원활동을 하면서도* 그것을 통감했다. 오늘날 원전문제에서도 마찬가지인데 특히나 어린아이를 둔 부모들이 그 점을 절감하고 있다. 어쩌면 취업난에 허덕이는 청년들도 그럴 것이다.

폭력을 동반하는 독재사회라면 개인의 힘을 사회에 미치게 하는 것이 절망적인 일인지도 모른다. 하지만 민주주의사회는 일상생활 속에서 더 나은 사회를 만들어갈 수 있는 사회이다. 거기에 참여하는 것은 개인의 사상과 판단력, 인간관계의 통찰에 큰 보탬이 된다. 사회로부터 멀어지는 것이 더 큰 손실이다.

사회란 대체 무엇인가?

우리가 만든 사회에 우리의 인생이 좌우된다. 단순히 개인의 총계가 사회인 것은 아니다. 사회는 어떤 역학을 가지고 움직이며, 개인

---

* 저자가 대표로 활동하고 있는 난민지원 NGO의 정식명칭은 '국제시민네트워크(国際市民ネットワーク)'다. 이 NPO법인은 국내외 분쟁으로 발생한 난민에 대한 긴급구호 및 생활자립지원을 위한 직업훈련과 아이들의 취학원조활동을 주된 목적으로 하며, 청소년을 활동에 적극적으로 참가시켜 국제이해와 국제공헌을 심화하기 위한 공동사업(국제 자원봉사활동, 심포지엄, 국가 간 상호 홈스테이, 스포츠와 콘서트 공동개최 등)을 펼치고 있다.

나는 사회인으로 산다 ∶∙

의 인생을 끌어들인다. 사람들은 모여서 반드시 사회를 만든다. 아니 그보다, 개인이 있을 때 이미 사회는 있었다. 개인과 사회의 관계가 반드시 자명한 것은 아니다. 그러나 우리가 사회인으로서 사회에 관여해가지 않으면, 사회는 제어할 수 없는 곳으로 폭주할지 모른다.

사회라는 말 자체는 중국의 『근사록近思錄』 중 치법류治法類 편에 나오는 '향민위사회鄕民爲社會'라는 구절에서 유래했다고 한다. 사회란 토지의 신에게 제사를 지내기 위해 일정한 지역의 사람들이 모여 회합하는 것 또는 단결하는 것을 의미했다. 독일어의 게젤샤프트Gesellschaft도 어느 한 지역에 사는 동료를 의미하며, 라틴어 소시에타스societas도 동료·공동성을 의미한다. 일본에서는 메이지明治 10년(1877) 무렵부터 근대사회를 의미하는 '샤카이社会'라는 말이 사용되기 시작했다. 1875년 《도쿄니치니치신문東京日日新聞》에 후쿠치 겐이치로*가 '샤카이'라는 일본어에 '소사이치ソサイチー'라는 발음기호를 달았고, 1877년 니시 아마네**는 존 스튜어트 밀의 『공리주의』를 번역하면서 사회라는 말을 썼다. 후쿠자와 유키치***는 society라는 단어를 인간교제人間交際

....

* 福地源一郎(1841~1906). 막부 말기~메이지시대에 걸친 무사, 저널리스트, 작가이자 정치가.

** 西周(1829~1897). 에도시대 후기~메이지시대 초기에 걸친 관료, 정치가, 계몽사상가, 교육자. 서양말인 'philosophy'를 '철학(哲學)'으로 번역한 것으로 유명하며, 철학(哲學), 과학(科學), 이성(理性) 등 현재 한·중·일 세 국가에서 통용되는 개념어 중 상당수를 만들었다.

*** 福澤諭吉(1835~1901). 일본의 무사, 저술가, 계몽사상가로 '탈아론(脫亞論)'을 주장한 인물. 일본의 근대화를 위해 서양문물을 적극적으로 받아들일 것을 주장했으며, 이는 조선침

로 번역했는데, 이 말이 더 본질을 표현할는지도 모르겠다.

사회는 사람들이 함께 살아가는 작은 촌락, 신사神社의 우지코氏子****집단, 길드 등의 부분사회로부터 계급사회, 지역사회, 자본주의사회, 대중사회처럼 전체를 나타내는 것으로 확대되어왔다. 고령화사회, 정보화사회, 복지사회처럼 국제적으로 공통된 패턴을 의미하는 경우도 있고, 그 영역은 민족이나 국가사회로부터 인류사회로 넓어지고 있다. 지구온난화, 인권, 평화를 둘러싸고 국경을 넘어선 시민들이 토론하고 협력하게 된 오늘날, 사회인을 대신해 지구인이라는 말이 일반적으로 쓰일 날도 머지않은 듯하다.

사회라고 할 때는 집단으로서의 인간관계가 일방적 관계가 아닌 상호관계로 파악된다는 점에 그 특징이 있다. 5장에서 말하는 시티즌십citizenship도 함께 사회를 만들어가는 자립적인 개인이라는 의미이기 때문에, 국가에 의해 개인의 관계가 만들어지는 멤버십membership이 아니라 자유로운 개인에 의해 자발적으로 만들어지는 시티즌십은 어떤 경우에는 국가의 틀을 넘어선 국제적인 인간관계·시민운동을 펼치게 된다.

우리는 크고 작은 다양한 사회와 관계를 맺으며 살아가는데, 작은 사회가 서로 연결됨으로써 더 큰 사회나 국가를 움직이는 운동

....

략의 근거를 제공하기도 했다.

**** 　　　같은 수호신을 모시는 고장 사람이라는 뜻.

　　　　　　　　　　나는 사회인으로 산다 :·

이 되기도 한다. 점자^{點字}도서관이 생기기도 하고, 한센병 차별 반대나 자연보호, 예술가마을, 탈^脫원전운동, 생활협동조합과 소비자운동, 소비자금융 다중채무방지, 지뢰 폐기, 반^反빈곤운동 등 소집단에서 제기된 문제가 사회를 움직여온 사례는 셀 수 없이 많다. 그 소집단들은 국가나 지자체보다도 인권 · 환경문제 등 인류 공통의 복지에 훨씬 더 민감했다.

이 같은 시민사회를 어떻게 보았는지는 홉스, 로크, 루소 등의 사회계약론이나 애덤 스미스의 시장을 통한 사회질서 유지, 마르크스의 계급사회론 등에서처럼 무척 다양하다. 종교인은 또 다른 시각을 가질 것이다. 개개인이 사회를 어떻게 보느냐에 따라서 각자의 인생도 달라진다. 하지만 우리가 무언중에 인정하는 민주주의사회란 개인이 사회를 움직이고, 사회가 개인을 떠받치는 사회를 말한다.

2장

가까운 주변에서 사회와 관계 맺기

: **연약한 사람들의 상호부조** :

사람이 아무리 주의 깊고 계획적으로 산다 하더라도, 날것 그대로의 인생에는 생각지도 못한 일이 일어나는 법이다.

갑자기 뇌경색을 일으켜 몸을 자유롭게 움직일 수 없게 되거나, 암에 걸리거나, 교통사고나 범죄에 휘말리거나, 재해를 당하기도 한다. 세계 유수의 금융기관이 도산하기도 하고, 근무하던 회사가 해외로 이전하기도 한다.

생활환경의 커다란 변화 앞에서 한 사람의 힘은 너무도 미약하다. 그렇기 때문에 인간의 생활에는 서로 돕는 공동부분이 반드시 필요하다. 지연·혈연이 그런 역할을 해왔던 사회는 이미 사라졌다. 오늘날 그것을 대신할 사회의 공동부분을 구축하는 것이 시급하다. 그 공동부분의 기초는 정치에 의해 제도화되고, 재정 기반도 정비되어야하겠지만, 그 정치를 움직이는 것은 바로 우리들의 사회참여다.

좋은지 나쁜지와는 별개로, 예전에는 인생에서 중대한 사고를 당하면 가족과 친척이 돌봐주는 것이 당연시되었다. 도움이 필요해 관청에서 생활 곤궁 상담을 받으면 "친척은 없는지" 꼭 물어봤다. 예전에는 할아버지 할머니뿐만 아니라 사촌이나 숙부, 숙모가 한데 모여서 가족 전체가 단란한 시간을 보내기도 하고, 서로 고민을 의논하기도 하고, 친척의 소식을 이야기할 기회가 많았다. 모이는 계기는 회갑연이나 결혼식, 제사 등 다양했는데, 그 자리에서 친척들과 대면할 수 있었다. 엄마가 출산을 하면 친척 중 누군가가 도와주러 왔다. 지병을 앓으면 친척 중 아무개가 마침 학교를 졸업했다거나 배우자를 여의고 본가에 와 있다는 정보가 들려오고 이내 도와주러 달려왔다. 일자리 찾기도, 결혼상대 찾기도, 이혼을 말리는 것도 친척들의 역할이었다.

가족이 죽으면 남겨진 가족은 슬픔으로 마음의 여유가 없으니 친척들이 모여서 장례를 도맡아주었다. 장례비용과 당장의 생활비는 친척들이 서로 상의해 추렴하고, 모자란 부분은 문상객이나 직장 동료가 부의금을 내어 도와주었다. 그게 관습이었다.

나는 어렸을 적에 환갑잔치다, 결혼식이다, 제사다, 신축新築축하 잔치다 해서 친척들이 모이는 것이 귀찮았다. 의리니, 지배·피지배 관계니, 답례를 해야 하느니, 참 귀찮고 성가신 관계라고 느꼈다. 지금도 그런 생각은 있지만, 잘 생각해보면 뭔가 건수를 만들어 친척들이 모였던 것은 서로 얼굴을 마주하기 위한 궁리가 아니었을까

나는 사회인으로 산다 ·:

싶다. 친척이 어디 사는지 몰라서야 서로 도울 수도 없다.

　오키나와에서는 아기가 태어나면 그 아기가 처음으로 만난 사람이 도신道親*이 된다는 이야기를 들은 적이 있다. 요즘은 친척이 어디 사는지 모르고, 만난 적도 없는 사람이 많다.

⋮ 개인화 사회의 불안　　　　　　　　　　　　　　⋮

지금은 단독세대가 부모와 자녀로 이루어진 핵가족 세대수를 웃돌고, 독신 미혼자나 이별 · 사별한 사람이 일반화되었다. 게다가 정규직 고용도 거의 붕괴된 사회에서 빈곤이 확산되는 것은 필연적인 추세다. 지연 · 혈연에 의해 관습적으로 서로 돕는 인간관계가 무너져가는 속도가 너무나 빠른데도, 그것을 대체할 사회제도는 쫓아오지 못하고 있다.

　인생의 위험risk에 대응할 수 없는 생활을 '빈곤'이라 부른다. 사회에 무관심한 사람에게 물어보고 싶다. 다음 중 어느 것과도 관계없는 인생을 보내는 '행복한' 사람이 현재 어느 정도나 될까?

> ◆ 대학을 졸업했지만 불안정 · 저임금 근로빈곤층이라서 집을 구하지도 학자금을 갚지도 못한다. 결혼 따위는 생각할 수도 없다.

....

*　　　　길에서 만나는 모든 어른은 그 아이의 부모라는 뜻.

◆ 정규직으로 일하고 있지만, 해외이전으로 사업이 계속 축소되고 있어서 구조조정이 눈앞에 다가왔다.

◆ 질병이나 부상으로 치료가 필요한데도 휴가를 내기 어렵다. 시급제라서 수입이 줄어드는 것도 걱정이다.

◆ 실직으로 건강보험료를 체납해서 보험증이 없다.

◆ 일생일대의 중요한 일이라는 생각에, 아이에게 고등교육을 받게 해주려 애쓰고 있지만, 교육비가 비싸서 입시학원을 비롯해 제대로 돈을 대주지 못한다.

◆ 노부모 수발이 필요한 때가 되면 일을 그만두지 않고도 돌봐드릴 수 있을지 걱정이다. 노인요양시설은 문제가 많다.

◆ 자식이 도통 결혼을 하지 않아서(못해서) 장래가 걱정이다. 저대로 혼자 살다 늙으면 장차 어떻게 될 것인지.

◆ 혼자 사는 노인이라서 몸도 쇠약해진 데다, 저축이나 연금의 입출금을 어찌해야 좋을지 걱정이다. 치매라도 걸리면 어떡하지. 믿을 만한 친구도 없다.

◆ 자식이 은둔형 외톨이가 됐다. 어찌해야 좋을지 모르겠다.

◆ 생활이 어려운데, 정해진 기초생활수급자 기준에 못 미쳐 생활보호를 받을 수 없다.

◆ 수입이 줄어 집세와 대출금이 큰 부담이다. 지금도 체납 중이다.

◆ 불의의 산업재해를 당해 어쩔 바를 모르겠다. 정규직이 아니라 산재보상도 받을 수 없다.

◆ 이혼해서 싱글맘이 됐는데, 애 아빠가 양육비를 주지 않는다. 가난 속에서 아이를 어떻게 기를지 고민이다.

◆ 50대 독신이다. 체력이 떨어지고 생활에 의욕이 없다. 어떡하면 인간적인 관계가 생길까.

'개인화된 생활'은 건강하고, 생활비에 쪼들리지 않고, 직장 동료나 같은 취미를 가진 친구가 있고, 자기 집이 있고, 근처에 말벗이 있고, 이런 식으로 모든 게 갖춰진 가운데 아무 일 없이 살아가는 동안은 성가실 것 없는 자유로운 생활처럼 보인다. 하지만 그중 어느 것 하나라도 빠지는 순간 인생은 취약해지고 비틀거린다. 자유는 너무도 간단하게 부자유로 변한다. 지금은 편리한 것 같고 또 사생활이 보장된 것 같아도, 사실은 살아가기 힘든 시대다.

개인화 사회란 거리에 사람들이 넘쳐나도 모두가 아무 상관없는 사람일 뿐, 의지할 만한 사람은 하나도 없는 사회다. 그럴 때 친절을 가장한 악질 장사꾼에게 넘어가기 쉽다. 단 하나 도움이 되어주는 것이 바로 사회제도다. 어디 사는 누군가를 의지하는 것은 아니지만, 얼핏 추상적으로 보이는 제도가 지켜줌으로써 개인의 생활과 생명이 유지된다.

사회는 여차할 때 지연·혈연을 대신해서 개인을 도와주기만 하는 것이 아니다. 많은 사람에게서 거둔 세금과 보험료라는 재원으로 상호부조 역할을 하는 것만도 아니다. 다양한 사람이 만나고, 많은 사람의 지혜를 모으고, 서로 정보를 알려주고, 행동하고 협력함으로써 더 나은 사회를 만드는 장소이기도 하다. 사회는 사람들의 사고 방식과 경험이 축적되는 보고이자 문화를 교류하는 곳이며, 약간의 이야기를 나누는 것만으로도 관점을 바꾸고 마음을 새롭게 할 수 있는 장소다. 또 사회는 서로를 인정하고, 서로에게 도움이 되는 기쁨을 얻게 해주는 곳이기도 하다.

앞으로의 시대는 사회와 어떻게 관계하는지에 따라서, 혹은 개인의 생활 속에 사회를 얼마나 활용하는지에 따라서 인생의 방향성이 정해진다고 해도 좋다. 그러니 사회에서 배제되는 것은 비극이다. 사회로부터 무엇을 배우고, 어떻게 도움을 받고, 혹은 사회에 도움이 되는지에 따라서 얼마나 큰 기쁨과 삶의 보람을 얻는가. 인간은 의식하지 않아도 관계 속에서 살아가는 사회적 동물이다. 사회인으로 살아가면서 그 사회를 더 좋게 바꿀 수 있다면, 우리들 각자의 인생도 더 나은 인생으로 바뀔 것이다.

⋮ 어느 마을 이야기　　　　　　　　　　　　⋮

개인과 사회의 관계는 가지각색이다. 일본 곳곳에는 대도시와 달리 개인의 생활과 사회가 가시적인 형태로 포개져 있고 서로가 적절하게 관심을 갖는 그런 사회도 있다. 그곳에서 우리는 고정관념이 아닌 사회의 참모습을 알 수도 있다.

나와 가깝게 지내는 구마모토 현 야베 정(2005년에 합병된 후 야마토 정으로 개명)은 아치형의 돌다리인 쓰준교와 아름다운 계단식 논으로 유명한 마을이다. 유도 선수인 야마시타 야스히로 씨가 태어난 고향이기도 하다. 골짜기로 둘러싸인 야베 정은 150여 년 전까지는 수맥이 끊겨서 논을 일굴 수 없는 아주 가난한 마을이었다. 소죠야惣庄屋*였던 후타 이치헤이지布田市平次는 가난한 마을 주민을 돕기 위해 막부幕府에 부역을 면제해 달라는 청원을 올려 허락을 받았지만, 그것을 못마땅해했던 다른 마을 관리들의 규탄을 받고는 자살했다. 그의 아들 야스노스케保之助는 막부에 탄원하지 말고 자력으로 마을을 일으키자며, 10년에 걸쳐 모든 사람들의 힘을 모아 [농수로 겸 다리인] 쓰준교를 쌓아올렸다. 그 결과 새로 12만 평의 논이 생겼고, 마을은 빈곤에서 벗어날 수 있었다.

그런 전통이 남아서일까? 마을사람들의 자력갱생 의지는 여전히 높고 마을의 자치의식도 건전하다. 꽤 오랜 기간을 놓고 보면 인구는 줄고 있지만, 매년 350명 정도의 전입자가 있으며, 그 수는 고등학교를 졸업하고 마을을 나가는 사람과 거의 같아서 지나친 인구감소過疎化를 막고 있다. 풍부한 인간관계로 안심할 수 있는 사회를 지향하기 때문일 것이다.

만약에 돈이 전부이고 주민소득만 생각했다면 이 마을도 인구가

---

*   에도(江戸)시대에 10여 개 마을을 묶어 지배했던 말단 행정 관리 중 최상위자.

감소했을지 모른다. 돈의 힘이 꼭 인간관계를 만들어주지는 않는다. 반대로 인간관계를 약화시키는 경우가 많다. 이곳은 주민들의 모임이 많고, 주민들이 서로 '관계없는' 인간이 되지 않도록, 또 관습이나 상하관계로 숨 막히지 않도록 적당히 사생활을 지켜가면서 다양한 궁리를 하고 있다.

아직 공립도서관이 없던 시절, 마을의 한 가전제품 상점이 가게 3층 공간에 직접 작은 도서관을 만들었다. 그러자 그곳이 마을 청년들이 모여드는 장소가 되었다. 그것이 발전해서 극장 딸린 근사한 공립도서관이 만들어졌다. 도서관에는 은은한 조명 아래 혼자서 조용히 책을 읽을 수 있는 공간이 마련되었고, 아이들이 금방 손을 뻗어 책을 집어들 수 있는 귀여운 책장도 늘어섰다. 마을의 아빠들이 마음을 담아서 만든 수제 책장이라고 한다. 농가農家의 아이 엄마가 도서관장을 맡고, 자원봉사자가 학교로 찾아가 아이들에게 책을 읽어주기도 한다. 도서 정리나 홍보 등 거의 절반쯤은 고용의 기회도 되는 것 같다.

학교에 잘 적응하지 못하는 고교생이 모여들기도 하는데, 그 학생들이 도서관에 오는 초등학생의 독서활동을 돌봐주기도 하고, 크리스마스 행사 기획도 맡는다. 어른들도 모여서 도서관에서 독서모임을 하고 있는데, 이런 공부가 벌써 몇 년째 이어지고 있다. 참으로 기분 좋은 장소가 아닌가.

문화사업도 중시한다. 극단을 초청할 뿐만 아니라, 스스로 각본을

나는 사회인으로 산다 :·:

짜고 초등학생에서 어른까지 총출동해 연출한 향토극이 전국 연극제에서 상을 받기도 했다니 참으로 놀랍다. 무농약 유기재배 녹차도 여러 차례 농림수산부 장관상을 받았다. 지산지소*뷔페식당도 있다. 마을 아줌마들이 솜씨를 다한 다채로운 반찬과 요리가 큰 그릇에 수북이 담겨 있다. 또 식당 밖에는 무농약 채소 직매점도 있다. 전국적으로 이름난 메밀국수 장인을 불러 메밀반죽 강습을 하기도 하고, 음악회나 인형극이 있는 날이면 인근 학교 학생들의 나들이 장소가 된다.

일을 찾아서 도시로 나간 사람들이 작금의 힘든 사회상황과 재해에 불안을 느껴 되돌아오는 경우에도 친절하게 일을 알아봐주며 청년들의 에너지와 아이디어를 활용하고 있다. 고령자가 소유한 전답이 농사를 짓지 않아 황폐해지지 않도록 마을 주민들이 돌아가면서 작물을 재배하고 있다. 경찰의 발표로는 범죄도 전혀 없다고 한다.

인구는 1만 8천 명. 공동체 만들기는 우선 야베 정 지역 전체를 초등학교 단위의 28개 진흥지구로 나누는데, 한 지구에는 6백 명 정도가 속해 있다. 그 지구가 다시 5개의 집락으로 나뉘며, 한 집락은 20~30가구 약 80명 전후로 구성된다. 서로 대화하기에 딱 알맞은 규모다. 평균연령은 60세를 약간 넘는 정도다.

이 마을에서는 사람들이 얼굴을 맞대고 서로를 알아가며 함께 뭔

---

* 　　　地産地消. 지역에서 생산한 농산물을 지역에서 소비하는 활동.

가를 하는 것에 큰 가치를 두고 있어서, 우선 즐겁게 모이는 기회를 의도적으로 만들고 있다. 마을의 주요 행사는 다음의 〈표 1〉과 같다.

표 1. 야베 정의 주요 행사

1월
· 신년회 (정월 첫 번째 일요일에 마을사람들이 주민회관에 모여 명절 음식을 먹으며 와자지껄 이야기하거나 술을 마신다.) · 첫 회합 (금년의 행사를 정한다.) · 돈도야키^{どんど焼き} ([우리의 정월대보름 달집태우기 같은 행사로] 떡을 굽고 술을 마시며 노인도 아이도 함께 즐긴다.)
2월
· 마을 울력^{村役} (마을 주변 정비. 예를 들어 멧돼지 퇴치 대책 등)
3월
· 히간코모리^{彼岸籠り} (춘분을 전후로 각 가정에서 야채 중심의 요리를 가져와 하루 종일 신사에 머물며 기도한다.) · 마을 울력 (3일. 용수로 정비, 농로 정비, 들풀 태우기, 풍향 읽기: 바람의 강도를 파악해 연기에 휩싸이지 않는 방법을 청년들에게 알려준다.)
4월
· 햇차 축제 (늦서리가 오지 않기를, 좋은 차를 수확하기를 기원한다.)
6월
· 모내기 행사^{さなぶり} (논의 신에게 술을 올리며 돌아다니는 행사)

7월

- 모내기 마침 (온천에 가서 피로를 풀며, 무사히 모내기를 마친 것을 기뻐 하는 자리)
- 용수로 풀베기 (용수로나 농로 정비는 한때 외지에서 날품팔이 노동자 를 고용해 작업을 맡긴 적도 있었지만, 역시 자신들의 협력관계를 돈독 히 하기 위해 스스로 하자고 결정했다.)

8월

- 마을 울력 (마을회관, 신사, 묘지, 마을 정비작업. 한 집당 두 명이 나와서 [우리의 추석에 해당하는] 오봉^{お盆} 전에 마을 대청소를 한다.)
- 여름 축제 (오봉을 맞아 귀성객과 함께 즐기는 마을축제. 아이에서 노인 까지 총출동해서 함께 즐긴다.)

9월

- 히간코모리 (추분)
- 마을 울력 (풀베기 작업)
- 달맞이^{月見} (한가위 보름달이 뜰 때 마을 언덕에서 콘서트 개최)

11월

- 수확제
- 대제^{大祭} (마을 어린이들의 성장을 축하하는 시치고산^{七五三} 행사도 겸한다.)
- 재정결산 (울력 불참금 등을 계산하는 자리)

12월

- 한 해 결산^{役算用} (1년을 결산하는 회의. 이듬해 임원을 정한다.)
- 소방단 야경활동 (12월 28~30일)

표에 나와 있는 것 말고도, 매달 15일은 여성들이 모여서 적당한 수다를 즐기는 모임이 열린다. 이밖에도 마을사람들이 모여서 바퀴벌레 살충제 만들기, 폐식용유를 활용한 비누 만들기, 미소(된장) 만들기 등을 함께한다. 장례식은 마을회관에서 마을사람들이 직접 음식을 만들고 함께 모여서 고인을 문상한다.

맛있는 음식, 깨끗한 물, 맑은 공기, 풍부한 자연, 괜한 참견이다 싶을 정도로 친절한 사람들. 마을사람들은 말한다. "국가 따위는 필요 없다. 스스로 독립해서 이런 생활을 언제까지나 계속하고 싶다"고.

∶ 신문에서 시작되는 '사회'

예를 들어 아파트 한 채를 얻어서 혼자 살더라도, TV 뉴스를 보면 싫든 좋든 사회에 관한 소식이 눈에 들어오기 때문에 세상 돌아가는 일을 도통 모르는 사람은 없을 것이다. 하지만 차창 밖으로 보이는 풍경이 속속 바뀌어 아무것도 기억에 남지 않는 것처럼, 사회에 관심을 갖지 않는 사람에게는 아무리 보고 들어도 마음에 남는 것이 없어서 생각할 일도 없을지 모르겠다.

"세상 돌아가는 일은 잘 모른다"는 사람이 있다고 하자. 그런 사람은 먼저 신문을 읽어보라. 말할 것도 없이 신문에는 정치, 경제, 사회, 문화, 지역에서 일어난 사건 등 인생에서 만나는 온갖 문제가 실려 있다. 사회를 아는 가장 손쉬운 정보원이다.

신문을 읽는 것은 수동적으로 보게 되는 TV와 달리, 보다 능동적인 의지가 필요하다. 차례로 흘러가는 TV 영상과는 달리, 문장은 어떤 문제에 대하여 반복해서 읽을 수 있고, 멈춰서 비판적으로 숙고해보기도 하고, 정치면과 사회면의 관련성을 생각해볼 수도 있다. 사람들이 각자 자기에게 맞춰 활용할 수 있는 미디어다. 식사와 마찬가지로 매일 지적 영양분을 섭취하는 것은 그 사람의 사고방식과 판단력에 큰 힘을 가져다준다. 한 사람의 경험에는 한계가 있지만, 꼼꼼하게 조사한 사실에 근거한 기사나 사람들의 논설은 개인의 사고를 깊게 만들어준다.

요양시설에서 노인을 돌보는 의사에 따르면, 노인이 신문을 읽는 동안에는 치매가 없다고 한다. 신문을 읽을 기력조차 없어지면 치매가 시작되고, 마지막으로 남는 것은 그저 수동적으로 TV를 보는 일이라고 한다.

"골치 아픈 세상일 따위 일부러 알려고 들지 않아도 살아갈 수 있다"고 말하는 사람이 있다. 그러나 자기결정권을 갖게 된 현대인은 몰랐다는 말로 끝나지 않고 사회적 책임을 추궁당하는 경우가 생긴다. 예전에는 "몰랐어요"라고 하면 용서받을 수 있었던 일도, 지금은 "알려고 하지 않은 게 잘못"이라고 생각하기 때문이다. 인생의 파탄은 무지無知와 무연無緣에서 비롯된다고 분석하기도 한다.

주위를 돌아보면 사회에 무관심한 일상을 보내는 사람이 꽤 많다. 그 이유는 제각각이다. 사회와는 관계없이 혼자서 해나갈 수 있다고 생각하는 사람이 있다는 것은 그만큼 사회가 안정되었다는 증거일 는지도 모른다. "임금의 덕이 내게 무슨 소용 있으랴^{帝力于我何有哉}"라는 고사^{故事}도 있지 않은가.

사회와 거리를 두고, 사회에 기대지 않으며, 사회로부터 영향을 받지 않고, 자기만의 철학을 확립하여 자유로운 인생을 보내는(보 낸다고 믿는) 개인주의에 자부심을 가진 사람도 있다. 또는 그럭저럭 살아갈 수 있는 약간의 목돈이 있으니 구태여 성가신 타인과는 상 종하지 않고 살아가고 싶은 사람도 있다. 편의점을 이용하면 하루 종일 누구와도 말을 섞지 않고 살아갈 수 있는 세상이다. 반면에 생 계를 꾸리기에 여념이 없어서 세상이 어찌 돌아가는지 관심을 가질 여유가 없는 사람도 있다.

하지만 현실적으로 사회와 개인은 떼려야 뗄 수 없는 관계에 있 다. 병에 걸렸을 때의 건강보험이나, 공중위생을 통한 전염병 예방, 학령기에 도달하면 누구나 받는 교육 등 우리는 사회와 관계를 맺 지 않고는 살아갈 수 없다.

역설적으로, 사회와 관계를 맺지 못한 사람일수록 사회개혁을 외 치는 선동적인 정치가에게 어이없이 넘어가기도 한다. 그리고 그 결 과는 스스로 자기 목을 조르는 꼴이 되는 건 아닐는지. 사회적 관계 를 맺지 못한 사람은 잠재적인 불안 때문에 영웅에게 과도한 기대를 품는지도 모른다. 고이즈미 붐이나 하시모토 붐이 바로 그것이다.

개혁은 수없이 많은 토론과 장벽을 극복하는 경험을 거쳐야 가까

나는 사회인으로 산다

스로 도달하는 현실이라는 것을 사회에 관여하는 사람은 경험적으로 알고 있다. 하지만 개인 속에 틀어박혀 있는 사람은 그런 체험이 없기에, 어떤 때는 자신의 안위를 지키려는 욕구에서, 또 어떤 때는 우두머리가 바뀌기만 하면 그 리더십으로 경제가 활성화될 것이라고 생각하기도 한다. 말솜씨만 번드르르하면 정책을 꼼꼼히 따져보지도 않고 무작정 영웅을 지지하고 다니는 사람도 있다. 살아 있는 인간과 생각을 나누는 일이 없는 사람은 매사를 다면적으로 생각할 수 없는지도 모르겠다.

지인들 가운데 장애인 시설에서 일하거나 도서관 자원봉사활동을 하는 사람들이 있는데, 자기들은 하시모토를 지지하지 않았다고 하기에 그 까닭을 물어보니, "개혁은 밑에서부터 차근차근 쌓아올리는 것이지, 위에서 영웅이 외치기만 하면 되는 게 아니야"라고 대답했다. 근거가 희박한 선동에 넘어가는 것은, 사회인의 한 사람으로서 착실하게 땀 흘리는 일에서 도망쳐 편리함과 안락함을 선택하고, 결국은 그 대가를 치르는 어리석음에 지나지 않는다(하시모토 붐에 관한 분석으로는《세카이世界》 2012년 7월호 마쓰타니 미쓰루松谷滿의 논문과『지역정책학 저널』제1권 1호 노다 유우野田遊의 논문을 참고할 만하다).

﹕ NGO · NPO가 지탱하는 사회 ﹕

동일본 대지진 당시 많은 자원봉사자가 현지 구호를 위해 달려온 것을 보면, 사람들이 꼭 타인의 일이나 사회에 무관심한 것도 아니라는 걸 알 수 있다. 그들은 자원봉사자로서 쓰레기 처리나 침수된 집에서 진흙을 제거하는 등 낯선 타인을 위해 묵묵히 일했다. 그들은 조건반사적으로 손을 내밀지 않고서는 견딜 수 없었던 것이다. 또 상당한 금액의 돈도 모금했다.

불행한 이재민을 위해 뭔가 해주고 싶은 마음은 훌륭한 자세다. 그 마음이 중요한 출발점이기는 하지만, 그것만으로는 사회적 해결에 도달하지 못하는 경우가 많다. 가설주택을 어떻게 세우지? 재해를 당한 실업자는? 피해지의 오염된 토양을 어떻게 처리하지? 장차 아이들의 건강은? 이재민에 대한 보상금은? 방사성 물질에 오염된 식료품이 시장에 나오지 않도록 하려면? 폐 원자로 처리는? 지하수 오염은 어떻게 할 것인지?

개인의 선의에서 출발한 것이 사회문제로서 제도화되기까지는 몇 가지 넘어야 할 고비가 있다. 개인의 선의만으로는 한계가 있기 때문에, 결국은 국가의 법률과 제도를 통해 항상적이고 안정된 구호와 부흥을 해야 한다. 오래 지속될 어려움을 안은 사람은 처음에는 주위 사람들의 선의에 의지하지만, 이윽고 개인의 선의에 피로감이 보이기 시작하고 힘에 부치게 되면, 의지할 수 있는 것은 개인이 아니라 국민이 만들어낸 사회제도라는 것을 알게 된다. 그러나 법제화되는 제도의 내용을 확실한 것으로 만들기 위해서는 일반 시민들이 지속적으로 강한 관심을 가질 수 있게 하는 여론이 중요하다. 그

나는 사회인으로 산다

것이 없으면 모든 것은 어중간해지고, 희생자는 시간이 흐르며 잊혀져간다. 원자폭탄 피폭자나 미나마타병*, 오염된 혈액으로 만들어진 약제에 의한 에이즈 감염**이나 B형 간염 문제 등에서 보듯이, 많은 사람들이 자기와는 관계없는 일이라고 생각하면 결코 국가를 움직일 수 없다. 일반 시민들이 사회적 사건에 관심을 갖는 것이 국가를 움직이는 원동력이 된다.

지금은 일상생활 속에서도 사회적인 공헌을 하는 NGO[비정부조직]와 NPO[비영리조직]가 사회적인 네트워크를 구축해서 사회를 지탱하는 사례가 많다. 그러나 NPO가 개인적 선의에서 출발해 이익을 도외시한 채 활동하더라도 그 활동에는 한계가 있다. 활동하는 사람의 생활이 유지되지 않으면 비영리 활동도 계속할 수 없으며, 활동 자체를 위한 자금도 필요하다.

세계의 불행한 아이들에 대한 의료지원을 협동생활 속에서 펼치

....

* 미나마타병은 수은중독으로 인해 발생하는 다양한 중추신경계 질환이다. 1956년 일본의 구마모토 현 미나마타 시에서 메틸수은으로 오염된 조개와 어류를 먹은 주민들에게서 집단적으로 발생하면서 이 병이 공식 발견되었다. 당시 문제가 되었던 메틸수은은 인근의 화학 공장에서 수십 년에 걸쳐 바다에 방류한 것으로 밝혀졌고, 지역 주민 2천 명 이상이 난청, 사지마비, 언어장애 등의 피해를 입었다.

** 원문은 薬害エイズ. "1980년대에 주로 혈우병 환자 치료에 가열 등의 처리로 바이러스를 불활성화시키지 않은 혈액응고인자제제(비가열제제)를 사용함으로써 다수의 HIV 감염자 및 에이즈 환자를 낳은 사건이다. 일본에서는 전 혈우병 환자의 약 40%에 해당하는 1천 8백 명이 HIV에 감염되었고, 그중 약 6백 명 이상이 이미 사망했다고 한다." (위키피디아 일본)

고 있는 독일의 평화마을^{Friedensdorf}* 사람과 대화를 나누었을 때, 평화마을 활동비 대부분이 재단이나 기업 등 민간의 기부로 충당된다는 이야기를 듣고 사회적 성숙도의 차이를 느꼈다. 평화마을에서 일하는 NPO 활동가들도 초등학교 교사 정도의 급여를 받는다고 하며, 평화마을 아이들에 대한 의료행위는 병원이 무료로 맡아주고 있다고 한다. 사회적으로 관여하는 것이 당연한 사회가 된 것이다.

NPO 활동에는 복지 분야 외에도 사회의 모순과 싸우는 인권옹호와 정치범 등 '양심수' 지원 분야가 있다. 학생운동과 노동조합 투쟁, 미나마타병과 약제에 의한 에이즈·B형간염 피해자 운동, 소비자운동과 여성의 권리운동 등 이 모든 운동은 싸우는 행동 없이는 있을 수 없는 운동이었다. 순종을 미덕으로 여기는 일본에서, 특히나 사회변혁을 위한 시민운동은 권력의 자리에 있는 사람으로서는 달갑지 않은 경우가 많다. 탈 원전운동도 그중의 하나다.

비판적 입장에 선 사람은 종종 그늘진 구석으로 쫓겨난다. 사회주의나 사회운동을 말하는 것만으로 미움을 받던 시대도 있었다. 지역에 어린이집을 만드는 운동이나 학부모회에서 학교급식 안전문제에 관여하려고 하면, "저 사람 빨갱이 아니야"란 말을 꺼내는 사람

....

* 전쟁과 내란으로 상처받은 아이들을 구호하기 위해 1967년 독일의 시민단체에 의해 설립된 NGO. 전쟁으로 부상당한 아이들에게 치료받을 수 있는 기회를 제공하는 것이 주된 활동이다.

나는 사회인으로 산다

이 나온다. 이상하게도 그 소문을 들은 사람이 "그렇더라도 합법적인 정당이니까 문제없는 거 아니야?"라든지, "적색이든 녹색이든 좋은 일 하는 건데 어때?"라고 반론하는 경우는 여전히 드문 것 같다.

레테르를 붙이는 것은 차별을 만들어내는 것이고, 그럼으로써 사회적인 시민활동이 쇠퇴하기를 노린다. 낙인찍기는 토론하고 행동하는 민주주의사회에 경계선을 긋고 토론할 수 없는 영역을 만들어버린다. 사회에 출입금지 경계선을 긋지 않고 자신의 머리로 생각해볼 수 있는 사람은, 독일의 전 대통령 바이츠제커*의 말을 빌자면, "자유 속에 확고하게 발 딛고 선" 사회인이다.

: 개인으로부터 민주주의사회로

민주주의사회에서는 사회구성원인 우리가 주권자로서 사회의 참모습을 생각하고 자주적으로 결정할 수 있는 것처럼, 언론의 자유가 보장되고 선거에서는 반드시 복수의 정당이 정책을 경합하여 투표를 받게 된다. 또 가난한 탓에 인간답게 매사를 생각할 여유가 없는 사람이 생기지 않도록 생활보호나 생활비가 딸린 직업훈련, 생활복

....

* Richard von Weizsäcker(1920~). 독일의 제6대 대통령. 1990년 서독 대통령으로 동서독 통일을 주도했으며 1990년부터 1994년까지 통일 독일의 대통령을 지냈다. 1985년 제2차 세계대전 40주년 연설에서 "과거에 대해 눈감는 자는 결국 현재에 대해서도 눈멀게 된다"며 독일인에게 혹독한 책임을 물었던 그는 전후 독일의 지성과 양심을 상징한다.

지자금 등의 제도가 마련되고, 포기해서 무기력해지는 사람이나 자포자기에 빠진 사람, 타인의 선동에 쉽게 편승하는 사람이 나오지 않도록 의무교육 외에도 사회교육, 주민회관 강좌, 시민대학, 전화상담, 시민 상호지원시스템 등, 단지 돈만 주는 것이 아닌 다양한 사회보장제도를 정비하는 노력도 이루어지고 있다. 이른바 넓은 의미의 사회안전망이다. 그것들을 활용하지 않으면 애써 얻은 민주주의도 쇠퇴한다.

관이 제공하는 공공서비스와 시민이 주도하는 상호부조활동의 차이에 대하여 이야기를 나눈 적이 있다. 공공서비스는 재정적 뒷받침이 되지만 법적 규제가 있어서 융통성을 발휘하지 못하는 측면이 있고, 공평성을 중시하기 때문에 동정심을 가로막는 측면이 있다. 또 개중에는 무사안일주의에 빠져서 귀찮은 일을 회피하고 이리저리 떠넘기는 등 사회적 책임을 저버리는 공무원도 있다. 시민의 지원활동에는 그러한 형식적인 구속이 없고 자발적인 반면에, 늘 자금과 무보수 활동가 부족에 시달려서 어려운 사람에게 공감하는 마음에 뭔가 해주고 싶어도 못해주는 경우가 많다. 또한 공평성을 그 정도로 중시하지 않는다.

생활보호는 수입이 없어져 생활이 어려워진 사람들을 이유 불문하고 국가의 의무로 도와주는 인권보장의 보루이자 민주주의국가의 증거라 할 수 있는 제도이다. 현재 생활보호수급자는 약 210만 명. 그야말로 일자리를 잃더라도 "당장 건강에 영향을 미치지 않게"

하기 위한 제도이다. 생활보호는 국민의 침해할 수 없는 권리 중 하나로서 재판에서도 자주 다뤄졌다. 만약에 생활보호가 없는 사회였다면, 하는 상상을 해보는 것만으로도 불안과 공포에 사로잡히게 된다.

좋은 사회란 개인으로는 대처할 수 없는 어려움에 부딪쳤을 때 사회적으로 지원함으로써 개인의 자립과 자유로의 길을 여는 사회다. 나쁜 사회는 그 반대로, 개인으로는 대처할 수 없는 책임을 개인에게 떠맡김으로써 모든 것을 잃게 만든다.

오랜 역사를 거쳐 가까스로 획득한 제도와 권리를 잃는 것도 살리는 것도 사회인이 지닌 의식과 행동에 달렸다. 지금껏 쌓아온 제도와 권리를 후퇴시키지 않으려면, 어떨 때는 시민운동을 통해 혹은 재판을 통해 싸워야 하는 경우도 있다. 하지만 아무리 싸우고 노력해도 바뀌지 않는 사회 앞에서 우리는 지금까지 많은 무력감을 맛봐왔다.

우리는 입법권을 가진 국회에 희망을 걸었다가 배신당해왔기 때문에 정치에 대한 신뢰 자체를 상실해서 아예 투표하러 가지 않는 사람도 있으며, 간접민주주의의 한계를 한탄할 뿐 그것을 돌파하지 못했다. 실업문제나 근로빈곤층 문제도 각자가 필사적이기는 했지만, 정치를 크게 뒤흔드는 연대운동까지는 이르지 못했다.

사법부에 대해서도 다치가와 전단지 배포사건*이나 학교에서의

....

* "2004년 1월부터 2월에 걸쳐 반전(反戰) 전단지 배포 목적으로 도쿄 도 다치가와 시

일장기와 기미가요 강요 및 처벌 사건처럼, 바람에 흔들리는 양심의 갈대인 개인의 인권을 사법부가 끝까지 지켜주지 못한 데 실망을 느낀 사람은 많지만, 거기서부터 한 발 더 나아가지 못하고 있다. 하마오카 원전 가동 중지 재판**에서 원고 패소(2007) 판결한 사법부에 책임을 묻는 시민의 목소리는 결코 작지 않았지만, 좀처럼 사법 개혁은 이루어지지 못했다.

그러나 후쿠시마 원전 사고는 우리에게 스스로 생각하고 판단하고 행동해야 한다는 것을 가르쳐주었다. 안이하게 의존해버리는 '위임委任사회'가 비참한 사고를 일으켰고, 앞으로도 아무것도 하지 않으면 똑같은 사회적 참사를 부를 것임을 가르쳐주었다.

....

자위대 관사 내에 들어간 세 명이 주거침입죄 혐의로 체포·기소된 사건. 1심에서는 무죄판결이 내려졌지만, 검찰이 항소를 제기, 항소심에서는 유죄판결을 받았다. 피고인은 즉시 상고했지만 최고재판소에서 기각되었고, 도쿄고등재판소에서 유죄판결이 확정되었다." (위키피디아 일본)

**　　　　"1976년 석유파동 이후 원전에 집중 투자를 시작한 일본 정부와 전력회사들은 활성단층 위에는 원전을 짓지 않을 것이라고 국민을 안심시켜왔다. 그러나 이후 지진학의 발전으로 원전 인근에서 활성 단층들이 속속 발견돼 원전의 안전성에 의문이 일기 시작했다. 전력회사들은 비용이 많이 드는 시설 개·보수를 피하기 위해 활성단층에 의한 지진 위험성을 과소평가하거나 은폐했다. 도쿄전력이 운영하는 니가타 현 가시와자키카리와 원전의 경우 주민들이 원전 인근에 위험한 활성단층이 있다며 소송을 제기했지만, 도쿄고등법원은 그러한 단층이 존재하지 않는다며 2005년 원고 패소 판결했다. 그러나 이후 2007년에 규모 6.8의 강진으로 원전에 화재가 일어나 방사선이 유출되는 등 피해가 발생한 뒤에야 도쿄전력은 활성 단층선의 존재를 인정했다. 하마오카 원전 가동중단을 요구하는 주민 소송에서도 지방법원은 원전 찬성론자인 마다라메 하루키(班目春樹) 원자력안전위원장이 비상 발전기 2기의 동시 가동중단 가능성을 일축한 증언에 기대어 2007년 원고 패소 판결을 내렸다." (《연합뉴스》 2011년 5월 17일)

나는 사회인으로 산다 :·

지금 언론의 자유나 인권의 보루에는 예전과는 비교도 안 될 만큼 국제사회의 강한 연대가 있으며, 반전反戰의 물결과 지뢰·집속탄 금지, 반핵운동이 평범한 사람들에 의해 추진되고 있다. 어려운 사회문제임에도 불구하고 끝까지 포기하지 않고 행동하는 사람들에게서 희망을 느낀다.

　무엇보다도 자기 스스로 움직여보지 않으면 사회의 진실은 보이지 않는다. 벽에 부딪치는 것은 진실을 아는 대가를 치르는 것이다. 온갖 장애와 부딪침으로써 현실을 깨닫는 것처럼, 자신이 먼저 행동에 나서서 장애가 되고 있는 사물을 알아내는 것, 그것은 곧 사회인으로 살아가는 첫 걸음이다.

: 강을 지키는 사람들

지하수가 솟아오르듯이, 그렇게 느끼는 사람이 늘어난 걸까? 내 주변에도 다양한 인간관계가 만들어졌다. 시민대학이나 시민합창단, 바둑 상대나 동료 만들기를 통한 인간관계 형성, 자주적인 독서모임과 공부모임, 학원에 다닐 수 없는 아이를 위한 학습지원, 외국인 어린이를 위한 일본어교실, 하천 생태계를 지키는 활동, 홀몸 어르신의 말벗(경청 자원봉사), 아이들에게 책 읽어주기, 재활용 활동, 함께 식사하는 장소 만들기와 배식 서비스 등……. 모두 서로 안면이 있는 소모임에서 "[함께할 사람] 여기 붙어라" 하는 식으로 우연한 기회에 권유를 받거나 관심이 있어서 참가했다는 사람이 많다.

보통 사람들은 어떤 계기를 통해 사회적인 활동에 관여하고, 그 의의를 느끼고, 동료를 만나고, 즐거운 활동을 만들어왔을까? 아마추어 사회참여 활동 가운데 두 가지 사례를 소개해보자.

하나는 자기가 사는 곳 근처의 하천 수질을 조사하는 시민활동이다. 누구나 틀림없이 집 근처를 흐르는 강이 악취를 내뿜는 하수구이기보다 아이들도 뛰어놀 수 있는 깨끗한 강이기를 바랄 것이다. 강물의 오염은 그대로 생활환경 오염을 나타낸다고 볼 수 있다. 그런 생각을 가진 하천 유역의 주부들이 강의 자연생태를 지키고자 시작한 운동이다.

인근 하천의 수질을 조사하는 이 시민운동은 소모임이어도 좋고 개인이어도 좋다. 누구나 자유롭게 참가할 수 있다. 백 년을 단위로 해야 판단할 수 있는 자연과 물의 변화를 다음 세대까지 계속 이어서 조사하기 위해 아이들도 참가한다.

'친수親水환경 전국일제조사'라 불리는 하천수질검사는 매년 6월 첫째 일요일에 수변 생태계를 사랑하는 시민과 아이들의 손으로 전국에서 일제히 실시된다. 통일된 방법으로 시행되는 이 조사의 데이터는 실행위원회('물과 자연 연구회')로 보내져 정리된 후 근사한 책으로 출판되고 있다. 물론 최악의 강 1위가 어디인지도 밝혀진다.

강을 지키는 운동의 발단은 1970년대에 시작되었다. 1960년대 후반에서 70년대 전반에 걸친 고도 경제 성장기는 하천 수질오염이

나는 사회인으로 산다 ·

가장 심했던 시기다. 그 시기에 다마多摩 강 유역 개발에 반대하는 시민들의 자연보호운동이 시작되었고 '다마 강의 자연을 지키는 모임'이 만들어졌다. 이 모임은 지역주민이나 자연보호그룹과도 느슨한 연대를 가졌다. 1974년에는 '다마 강 수계 자연보호단체협의회'가 결성되고, 자연보호 활동으로서 높은 평가를 받았다. 한국과 중국에까지 그 활동이 확산되었다.

1980년대에는 시민들 사이에서 강의 오염실태와 원인을 밝히고 공장폐수와 생활하수 등의 관계를 조사하는 행동이 시작되었다. 이미 70년대부터 다마 강의 지류인 아사카와浅川와 노가와野川에서 합성세제로 인한 생활하수 오염이 큰 문제로 다루어졌고, 생활협동조합도 비누세제를 사용하자는 활동을 추진했다. 생활을 편리하게 하는 것이 환경을 더럽혀서는 안 된다. 그 점을 깨달은 주부들이 대학의 연구자와도 연대하여 1989년 6월에 인근 하천 일제 조사를 시작한 것이다.

사람과 자연과 사회의 상호관계를 수변 생태를 통해 관찰해온 도쿄농공대학 자연보호과 오구라 노리오小倉紀雄 씨의 연구자그룹은 알기 쉬운 통일적인 조사 매뉴얼을 만들고, 측정 정밀도를 관리하는 시스템과 각지에서 얻어진 결과를 비교할 수 있는 데이터베이스를 구축해 전국적인 네트워크를 만들었다. 수질을 측정하는 간이측정기구 제조사인 교리쓰共立이화학연구소도 시민들이 사용하기 편리한 측정 기구를 개발해 협력해주었다.

자연을 사랑하는 사람들 사이에 수질일제조사는 순식간에 전국으로 확산되었다. 내가 사는 지역에서도 6월 일제조사 날에 시라코^{白子} 강을 사랑하는 사람들과 어린이들이 3개조로 나뉘어 조사를 실시했다. 나도 참여했는데, 강물 속에 들어가보니 정말로 "강이 살아있다"는 것을 실감했다. 그뿐만이 아니다. 10월에는 강에 사는 식물과 곤충, 물고기와 강에 모여드는 새들을 관찰하는 시라코 강 축제까지 생겼다. 강을 가로지르는 다리 위에서 합창을 하기도 하고, 공깃돌을 만드는 수주옥^{數珠玉, 벼과의 다년초}을 모으기도 하고, 나뭇조각으로 문패를 만들기도 하면서, 상점을 포함한 지역 주민들이 즐거운 하루를 보낸다. 수질 일제조사는 학생들의 야외교육을 위한 기회일 뿐만 아니라, 향토 기업들도 가세하여 주민들이 한데 어울리는 즐거운 활동의 장이 되었다.

다양한 사람들이 시민운동에 참여하고, 연구자나 행정도 협력하는 운동이 되면 당연히 견해의 차이나 대립도 나온다. 그래서 수질 환경 전국일제조사에 참가하는 사람들은 다음과 같은 토론규칙을 정했다. '세 가지 원칙, 일곱 가지 규칙'이라 불리는 대화의 규칙은 다른 시민운동에도 참고가 되리라 생각한다.

1. 자유로운 발언

◆ 참가자의 견해는 소속단체의 공식견해로 간주하지 않는다.

◆ 특정 개인·단체를 싸잡아 공박하지 않는다.

나는 사회인으로 산다 ∴

2. 철저한 토론

◆ 논의는 페어플레이 정신으로 한다.

◆ 논의를 진행할 때는 실증적 자료를 존중한다.

3. 합의의 형성

◆ 문제의 소재를 명확히 하고 합의를 지향한다.

◆ 현재 다툼이 진행 중인 문제는 객관적인 입장에서 하나의 사례로서 다룬다.

◆ 프로그램 만들기는 장기적으로 다룰 것과 단기적으로 대처할 것을 구별하고, 실현가능한 제언을 목표로 한다.

의견이 대립할 때에는 함께 강을 걸으며 현지를 둘러보고 대화를 이어가는 가운데 일치점을 찾아내 합의를 이룰 수 있다고 한다.

이 운동에 참여하는 사람들 대다수는 그 체험을 살려서 다른 시민운동에도 참가하여 사회인으로서 더 나은 사회를 만드는 데 공헌하고 있다. 그 사람들이 가진 밝은 분위기, 명쾌함, 희망을 잃지 않는 확신이 많은 사람들을 끌어들이고 있는 듯하다.

： 노인들끼리 서로 돕는 장

또 한 사례는 평범한 주부들이 지역에 노인들이 모일 수 있는 장을 만들고, 식사 택배활동으로까지 발전한 사례다. 급식·배식 자원봉사는 전국 각지에 있지만, 자발적으로 시작한 사업이 같은 멤버로 9년 이상이나 지속되고 있는 사례는 드물다.

효고 현 아카시 시에 사는 이리에 가즈에入江一惠 씨(현재 82세)는 9년 전인 2003년 메이마이名舞단지 내 메이마이센터라는 상점가에 '만남클럽 메이마이 해바라기'라는 노인들이 모일 수 있는 아담한 장소를 만들고, 함께 식사하면서 친근한 대화를 나눌 수 있는 '식사모임'을 시작했다. "[함께할 사람] 여기 붙어라"는 호소에 17명의 자원봉사자가 모여 가정적인 식사를 제공하고 있는데, 이곳은 웃음이 끊이지 않으며 왁자지껄하게 따사로운 한때를 보낼 수 있는 장소가 되었다.

그 단란함 속에서 사람과 사람의 유대가 인생을 살아가는 데 얼마나 큰 재산인지를 절감했다고 한다. 예전의 정겨운 가정의 맛, 제철 식재료를 듬뿍 넣은 식사는 고령자를 기쁘게 해서, 지팡이를 짚고 온 사람들이나 아내를 떠나보내고 활력을 잃은 남성들이 입소문을 듣고 모여든다.

집에 있으면 하루 종일 고독하게 말 한마디 없이 홀로 사는 노인들이, 조촐한 식사자리임에도 따스한 온기를 찾아서 기꺼이 찾아온다. 만약 그런 만남의 장소가 없고 말벗 하나 없이 하루하루를 보낸다면, 치매에 걸리거나 병에 걸리는 것도 빨라질 것이 분명하다.

나이가 들면서 몸이 자유롭지 못하고 외출도 할 수 없게 된 사람

나는 사회인으로 산다 ∵

들의 요망에 부응해서 이리에 씨는 식사를 배달해주는 택배활동도 시작했다. 지역에 따라서는 고령화율이 이미 40%나 된다. 2005년에는 식당에서의 하루 식사 수가 30~40식이었던데 비해서 택배가 70~80식으로 그 비중이 역전되었다. 자원봉사자들은 주4일(월, 화, 목, 금)의 식사를 통해서 지역사회 만들기에 보탬이 된다는 기쁨을 실감하며 열심히 차량으로 식사를 나른다.

이들은 사회의 일원이라는 보람을 느끼며 살아가는 것이 이토록 의욕 넘치는 일인가라며, 누군가 자신을 기다리고 있다는 또 하나의 행복을 경험한다고 한다. 연간 2만 식이나 택배를 하고 있는데, 수발을 담당하는 케어매니저나 요양보호사와도 협력해서 딱딱한 음식을 먹을 수 없는 사람을 위한 죽 도시락까지 배달하는 등, 의료와 요양과 식사를 연결해 개인별 맞춤 지원을 하고 있다. 택배를 기다리는 노인들과 식재료와 식단에 대해서 시시콜콜한 대화를 나누다 보면, "내가 이렇게 상냥한 사람이었나 하고 스스로도 놀란다"고 이리에 씨는 웃으며 말했다. 자원봉사활동을 해보니 이제껏 깨닫지 못했던 자신의 능력과 다정함을 발견하고 스스로를 믿을 수 있게 되었다는 사람이 많다. 그리고 누구나 잠재적으로 그런 상냥함을 지니고 있다고 생각함으로써 사회의 미래에도 희망을 갖는다고 한다.

"고령자를 부양할 젊은 인구가 줄고 있다고 하는데, 건강한 고령자가 약한 고령자를 도우면 되잖아"라고 자원봉사자들은 말했다. 새삼 인간은 사회적인 존재이고, 행복도 위안도 보람도 사회적인 인간관계 속에서 솟아나는 것임을 배운다. 그것을 뒷받침하는 수치가 있다. 시즈오카 현 건강복지부 건강증진과가 1999년부터 현 내 고령자 2만 2천 명을 대상으로 3년마다 실시하는 조사에 따르면, 운동과 영양에 유의하는 고령자의 사망률은 그렇지 않는 사람들에 비해 32% 감소하지만, 사회활동을 하는 고령자의 사망률은 51%나 감소하는 것으로 보고되었다(2012년 5월 31일 발표 및 그 해 7월 21일 도카이東海공중위생학회 보고).

：삶의 보람, 기쁨으로서의 활동

사회참여는 처음부터 대규모 집단에 들어가기보다, 각자의 문제를 스스럼없이 이야기하고 함께 땀을 흘릴 수 있는 소규모 시민운동에 참가하는 것이 좋다. 목적도 확실하고, 자기가 하는 역할도 눈에 보이며, 실천에 옮기기에도 쉽다고 한다.

이상하게도 위로부터 지휘계통이 정비되고 관리되는 집단 속에서는 수평적인 관계가 생겨나기 어렵다. 의문이 생기면 언제든 대화하고, 실수나 비판을 속 편하게 이야기할 수 있는 소집단은 이윽고 가깝게는 주민자치회의 민주화, 더 나아가서는 탈 원전운동이나 교과서 채택문제, 마을 만들기, 환경문제 등에도 참여하는 사람들의 출발점이 되고 있다. 그렇게 해서 행동에 나선 사람에게 물어보면, 모두 이구동성으로 "인생의 좋은 경험을 했다"고 말한다. 시민 배심

나는 사회인으로 산다 ：·

원에 참여한 사람의 소감과도 비슷하다. 역시 사람은 사회와 직접 관계를 맺고 행동함으로써 그동안 몰랐던 세계를 알고 싶은 마음이 생기는 것 아닐까?

내가 20년 남짓 관여하고 있는 분쟁지역 난민구호활동에서도, 자원봉사를 같이한 청년부터 정년퇴직자까지 모두 자신의 인생관이 바뀐 것 같은 경험을 했다고 말한다. 일본의 일상생활에서는 이해득실이나 경쟁의 우열이 행동의 기준이었지만, 난민캠프에서는 그런 것들을 전혀 염두에 두지 않고, 그저 뭔가 해주고 싶다는 마음의 울림에 따라서 행동했을 뿐이라고 한다. 그때만큼 자기 행동의 의미가 분명했던 적이 없었고, 충실감과 만족감을 느낀 적도 없었다고 한다. 뿐만 아니라 귀국 후에 주위 사람들로부터 "부쩍 성장했네"라는 말을 들었다고 한다.

상이한 문화 속에서 난민을 위로하거나, 공평한 원조가 되도록 마음을 쓰거나, 무엇이 필요한지를 자기 머리로 판단해 움직이는 것은 분명 어려운 일이다. 전혀 인연이 없던 나라의 시민들이 얼굴을 맞대고 서로 돕는 불가사의함이나, 일본에서 사 마시던 생수 한 병 값이 빈곤국의 하루 생활비라는 것을 알고 자신의 생활방식을 반성했다거나, 학교에 갈 수 없는 아이 앞에서 "세상이 나를 기다리고 있음"을 느끼고 공부의 의미를 깨달았다는 학생 등 다양한 소감을 말했다. 적어도 누군가에게 도움이 되었다는 기쁨은 개인화된 일본 사회에서는 좀처럼 맛볼 수 없는 감정이었던 것 같다.

지역사회에서 벌어진 문제부터

바로 눈앞에 있는 지역사회에서 생활과 정치 사이에 긴장관계가 생겼을 때, 평소에는 소극적인 사람도 사회인의 한 사람으로서 자각을 하는 것 같다.

도쿄 도 히가시구루메 시에서는 1990년에 시민그룹이 '시민의 의견이 통하는 시장'으로서 도쿄대 명예교수인 이나바 미치오^{稲葉} 三千男 씨를 시장에 천거해 당선시킨 적이 있다. 그 경험이 여전히 살아 있어서 이나바 시장 퇴임 후 8년 만에 자민 · 공명당을 제외한 야당의 단일후보가 2009년 12월 시장선거에서 승리해 새로운 혁신 시정을 펼치게 되었다. 보기 드물게 공산당도 단일화에 가담했다. 그 계기가 된 것은, 비좁은 도로에 면한 곳에 쇼핑센터를 유치하려는 시 당국과 그에 반대한 시민운동이었다. 쇼핑센터 유치를 위해 그 지역의 건축제한을 해제하고 건축기준법의 집단규제까지 바꿔가면서 시가 일방적으로 계획을 추진했기 때문이다. 개발지향의 시정^{市政}보다도 생활환경을 지키려는 시민의 힘이 더 강했고, 거기에 야당이 협력한 결과였다. 그 후의 시정은 우여곡절이 있었지만, 아무튼 주민이 시정을 바꾼 경험은 주민의 사회참여에 큰 힘이 되었다고 한다.

이러한 경험을 가진 히가시구루메 시와, 시민생활을 우선하는 구청장을 선출한 이타바시 구와 세타가야 구, 그리고 행정의 과오가 계속된 20년간의 보수정치를 타파하지 못했던 네리마 구의 차이를

나는 사회인으로 산다 ·:·

볼 때 정치가 사회에, 사회가 시민생활에 미치는 영향의 차이를 크게 느낀다.

내가 사는 네리마 구에서는 소아의료 거점병원이었던 니혼대학 부속 히카리가오카光が丘병원에 대하여 구청이 책임 있게 대응하지 못한 탓에 병원을 철수하겠다는 선고를 받은 데다, 뒤를 이을 병원 선정에도 실패했다. 그 결과 새로운 병원은 종전의 병원에 비해 그 기능이 대폭 저하되었다. 현재는 구급차도 받을 수 없는 상태다. 이 병원 부지는 네리마 구가 무상으로 병원 측에 제공했고, 건물임대료도 대폭 감면해주었는데도, 충분한 기능을 갖춘 병원으로 인계되지 못한 것이다. 이러한 결과를 초래해놓고도 자기변호만 늘어놓을 뿐, 구청장과 당국은 전혀 반성을 하지 않는다. 게다가 하루 10만 대의 차량이 다니는 간에츠関越 자동차전용 고가도로 밑에다 토지가 공짜라는 이유로 고령자의 재활 및 학습과 휴식의 장인 고령자센터를 지을 계획이 현재 진행 중이다.

나도 간에츠 고속도로 고가 밑 고령자센터 반대운동에 참여하고 있다. 다음 세대도 생각해서 사회인으로서의 책임을 다해 네리마 구 행정을 생활자를 위한 행정으로 민주화하고 싶은 마음이 강하다.

고가 밑 활용계획은 국도교통성의 「고가 하부 이용추진 통달」에서 유래한다. 국토교통성은 지금까지 고속도로 고가 하부의 이용을 주차장이나 공원 등에 한정해서 허가해왔다. 그 억제방침을 2005년과 2009년에 경제성장 전략과 결합시켜 활용촉진 방침으로 전환한 것이다. 그때 고가 밑에는 장애인·아동·노인 등의 시설을 세우지 못하도록 명기해두었어야 했다.

규제완화에는, 반드시라고 말해도 좋을 만큼, 이제까지 규제를 통해 지켜왔던 약자의 인권이 자유의 대가로 희생된다. 따라서 규제를 완화할 때에는 다시 한 번 약자의 인권을 배려하고 점검할 필요가 있다. 예를 들어 국토교통성의 도로점용기준에는 고가 밑을 주차장으로 사용할 경우 주변 주차장과 균형을 맞춘 이용방법과 요금으로 할 것, 도시미관을 배려할 것 등등의 다양한 허가기준이 있다. 그러나 약자의 복지를 지키는 조항은 하나도 없다. 이 점을 국토교통성 및 그 하부기관인 일본고속도로보유·채무변제기구에 질문했더니 "우리는 도로를 담당하는 곳이라 복지는 잘 모르겠다"는 답변이 돌아왔다.

또한 지금 문제가 되고 있는 재해대책으로서, 특히 대도시의 경우 무너진 건물 잔해를 임시로 쌓아둘 적치장으로서, 공적 공간인 고가도로 밑은 가급적 비워둘 필요가 있다. 건물 잔해가 도로를 막으면 차도 사람도 다닐 수 없다. 그것이야말로 관공서의 예견 의무가 아니었을까?

간에츠 고속도로는 한신 아와지 대지진으로 한신 고속도로 고가가 무너진 경험에서 교훈을 얻어, 같은 규모의 지진이 발생할 경우 기둥의 커다란 손상이나 상판이 떨어지지 않도록 보강이 이루어졌다. 하지만 그 이상의 지진이 일어났을 경우에 대한 대비는 없다. 안전신화^{安全神話}는 원전뿐만 아니라 그 어디에도 없다고 해야 할 것이다. 대지진이 일어날 경우 몸이 부자유한 고령자가 고가 밑에서 민첩하게 움직일 수 있으리라고는 도저히 생각되지 않는다.

햇볕이 들지 않는 고가 밑의 어두운 건물은 소음과 배기가스로 인해 창문을 닫아걸고 방음벽을 세워서 아침부터 전기 조명에 기대지 않을 수 없다. 따라서 유지비가 많이 든다. 아무리 토지가 공짜여도 결코 싸게 먹힌다고 할 수 없다. 뱀장어 굴처럼 좁고 기다란 지형에 교각이 몇 개나 서 있어서 제대로 된 설계를 할 수 없다. 뿐만 아니라 도로를 보수하기 위해 고가 밑에 세워진 건물을 일시적으로 이전해야 할 경우 그 비용이 수천만, 수억이 들더라도 결국은 네리마 구민의 부담이 된다. 그밖에도 법에 저촉되는 문제투성이여서 그 장소에 세워서 좋을 것이 하나도 없다.

⠿ 지역의 반대운동

뜬금없이 등장한 이 계획에 당연히 주민의 반대운동이 일어났다. 그리 머잖아서 일어날 것이라는 경고가 내려진 미나미간토^{南関東} 직하^{直下}형 대지진에 대비해 조금이라도 위험을 피해야 하는데도, 노인을 위한 시설을 일반 시설보다 위험도가 높은 간에쓰 고가도로 밑에 만들겠다니, 도대체 무슨 생각인가? 네리마 구는 여전히 공터가 많은 지역이다.

주민 공청회에서 한 주민이 다음과 같이 절절하게 호소했다. "우리는 아무리 가난해도 공짜라고 해서 고가도로 밑에 연로한 노인을 위한 시설을 세우겠다는 생각은 안 한다. 구민이 낸 세금을 그런 식으로 쓰지 말아 달라. 그것은 노인복지법의 정신에도 반하는 것이며 사회윤리에도 어긋난다."

이처럼 평소에는 사회에 관심이 없어 보이던 주민도 생활에 직결되는 사회문제에 대해서는 생활자로서 반응한다. 국가의 훈령이나 지자체의 조례를 꼼꼼히 판독해 생각지도 못했던 대안을 내놓기도 한다.

구청장과의 공청회에서 반대의견을 가진 주민은 거의 80%에 달했다.

네리마 구의 행정수법은 마을 만들기의 민주적 절차도 위반했다. 구청이 연 설명회는 현장에서 1백 미터 이내의 주민에게만 포스터를 붙여 알렸을 뿐, 오이즈미 지구 고령자센터인데도 나머지 오이즈미 주민에게는 아무것도 알리지 않았다. 이 설명회의 공지는 4개월도 전에 '네리마 무 일제 판매' 기사에 섞여서, 구청의 수많은 공지사항 속에 돋보기를 들이대야 보일 정도의 글자로 고작 아홉 줄에 걸쳐 설명회 날짜와 장소가 적혀 있을 뿐이었다.

또 주민설명회 전에는 은밀하게 인근 주민자치회장들을 모아서 구청이 일방적으로 만든 안에 협력하도록 요청한 사실이 나중에 밝혀졌다.

나는 사회인으로 산다 :·

고가 밑 건설예정지 인근에 사는 찬성파 자치회장은 구의원이기도 한데, 이 안건을 심의하는 기획총무위원회에 소속해 있고 제1당인 정당의 간사장을 맡고 있다. 그는 자기가 자치회장을 맡고 있는 주민자치회 회람판으로 찬성 서명을 모았는데, 회람판이라면 누가 서명하지 않았는지 금방 알 수 있다. 주민자치회는 중립적이어야 하는데도 대립하는 여론의 한쪽 찬성서명을 모으는 것은 공정하지 않다. 그럼에도 그 서명부는 다수가 찬성한다는 증명인 양 구의회에 제출된 것이다.

⋮ 주민자치회는 누구의 것인가 ⋮

주민자치회란 대체 무엇인가? 자신들의 커뮤니티로서 온후한 지연地緣조직이자 가장 친근한 사회일지도 모른다. 하지만 자치회장이 되겠다고 나서는 사람이 없어서 지역 상인회의 유력자나 지주, 지방의회 의원이 자치회장이 되는 사례가 많다. 선거가 아니기 때문에 자치회장이 부적절한 행위를 하더라도 그만두게 할 제도가 없다. 본인이 스스로 그만두지 않는 한 그대로 자리를 지킨다. 자치회가 꼭 민주적인 조직은 아니지만, 자치회장이 행정의 하부조직으로서 행정에 편입되고, 그 보답으로 자신도 이익을 보는 불투명한 관계가 된 곳이 많다. 그래서 구청은 실제로 도로확장 문제에 대하여 자치회장과 상인회 대표들만을 모아 밀실에서 협력을 부탁하고, 마치 주민이

양해한 것처럼 구청에 보고한 적도 있었다. 그것이 주민에게 알려져 반대운동이 일어나고, 결국 철회를 요구받은 곳도 있다.

네리마 구에는 주민자치회 외에도 지역사회를 위해 일하는 다양한 그룹이 있다. 예를 들어 학원에 다닐 수 없는 빈곤가정 아이에게 자원봉사로 학습을 돕거나 노인을 보살피는 NPO가 있다. 이러한 활동에는 네리마 구청에서 보조금이 나오지 않는다. 하지만 주민자치회의 경우 참여하는 세대수에 따라서 구청에서 기본적인 보조금을 지급한다. 그 기본 보조금과는 별도로 5백 세대까지는 1만 5천 엔, 501세대~1천 세대까지는 2만 엔의 보조금이 나온다. 또 게시판을 만들면 반액이 지원되고, 그 게시판에 구청이 포스터를 붙이는 위탁을 할 경우 위탁료로 1년에 3만 2천 엔이 지불된다. 그밖에도 청소용구 무료지급이라든지 공적 집회장 최우선 사용권이라든지 갖가지 유착관계가 있어서, 주민조직 가운데 자치회는 특권적인 대우를 받고 있다. 전부는 아니겠지만, 주민자치회가 지자체 행정의 하청조직이 되기 쉬운 것도 그 때문이다.

보조금이란 원래 사업에 대하여 지출되는 것으로, 신청받은 사업의 목적 · 효과 등을 심사하여 특정 금액이 지급되어야 바람직한데 세대수에 따라서 자동적으로 지불되는 것은 이상하다. 주민자치회의 경우는 결산보고서도 간단하게 작성하면 끝이다.

전쟁 중에는 주민자치회와 그 밑에 있는 반상회隣組*가 국정 시책의 전달 · 실시 기관이자 국민 감시기관이었고 물자 배급기관이기

나는 사회인으로 산다 :·:

도 해서 이곳의 영향에서 벗어날 수 없었다. 주민자치회를 통해서 금속류가 강제로 공출되었고, 적과 싸우기 위한 죽창 훈련이나 공습에 대비한 방화 훈련이 실시되었으며, 호국신사 청소의무가 부과되었다. 패전으로 주민자치회의 속박이 사라지자 모두들 얼마나 안심했는지 모른다.

그런데 흥미롭게도, 네리마 구와 히가시구루메 시는 주민자치회에 대한 평가가 상당히 다르다. 히가시구루메 시는 이나바 시장체제가 이어지는 가운데 행정과 주민자치회의 불투명한 관계가 거의 청산되었다. 주민자치회를 등에 업고 시의원이 되는 경우도 거의 사라졌다고 한다. 여성 주민자치회장도 몇 명이나 배출되었는데, 지역 노인들에게 말을 걸기도 하고, 상담에 응하기도 하고, 재해 대비를 하는 등 지역을 위해 땀 흘리고 있다.

이처럼 시민과 사회의 관계는 일률적인 것이 아니다. 그 사회가 어떤 사회인가에 따라서 개인과 사회의 관계방식도 내용도 완전히 달라진다.

: 다양한 사람들 속에서

고가 밑 고령자센터 건설에 찬성하는 사람도 있다. 찬성자의 의견은

---

* 　　　도나리구미(隣組). 제2차 세계대전 당시 국민통제를 위해 만든 최말단 지역조직.

"우리는 어려운 문제는 몰라. 센터 안에 오락실이 생겨서 공짜로 노래방을 이용하거나 장기를 둘 수 있다면 좋은 일 아닌가"라는 주장이었다. 반대파는 "후세의 노인을 위해서도 안전하고 환경이 좋은 곳에 만들어야 한다"고 주장한다. 또는 더 시급하고 필요도가 높은 특별양호노인홈(노인요양시설)이나 어린이집을 우선해야 하지 않을까 하는 의견도 있다. 네리마 구에는 혼자 살면서 노인홈에 입소할 차례를 기다리는 노인이 1천 7백 명이나 되기 때문이다.

나중 일이야 어떻게 되든 눈앞의 이익을 우선하는 일본인의 가치관은 아마도 원전 추진파 사이에도 있지 않았을까 싶다. 그것은 빈부격차에서 나오는 가치관의 차이이기도 하겠지만, 장래를 시야에 넣고 '후세 사회와의 공생'을 생각하는 가치관의 차이일지도 모른다.

마을 만들기든 문제해결 모임이든, 지역의 시민운동은 인생 경험이 다르고 생각도 다른 사람들이 만나는 장소다. 인생 경험도 가치관도 다른 사람들이 다양한 생각 속에서 공통의 생활복지를 축적해가려면 시간도 에너지도 필요하다. 또 그런 대화가 공개적이고 납득이 가는 것일 필요도 있다.

독일에서 녹색당이 생겼을 때, 당시 독일에 있었던 나는, 창당에 이르기까지 정신이 아득해질 만큼 거듭되는 대화를 보면서 풀뿌리 민주주의의 에너지와 인내심에 압도되었다. 위로부터 관리되거나 강제되지 않고 스스로 해나간다는 민주주의 습관은 그 정도로 힘든, 하지만 가치 있는 것이다.

나는 사회인으로 산다 ∴

독일에서는 1970년대부터 페터 C. 디넬$^{Peter\ C.\ Dienel}$ 교수가 고안한 계획세포제도[시민토론회]라는, 일본의 재판원[시민배심원] 제도를 연상케 하는 '행정의 토의민주주의'라는 제도가 기능하고 있다. 그것은 주민자치회의 진흙탕 같은 관계가 아니라, 행정으로부터 독립된 중립기관이 시행하는 시민의 행정참여 기법이다. 무작위로 뽑힌 25명의 시민이 하나의 그룹이 되고, 일당(하루당 6천~7천 엔. 고액소득자는 일을 쉬면서 입은 손실액을 할증해서 청구할 수 있음)을 지급받으며, 나흘간에 걸쳐 5명씩 5개의 소그룹으로 나뉘어 어떤 중요한 주제에 대하여 토론한다. 동시에 25명 단위의 그룹이 4개 이상 만들어져 그 주제를 토의하기 때문에, 합계 1백 명 이상의 시민이 하나의 주제에 대하여 토론하게 된다.

5명의 소그룹은 발언력이 강한 리더에게 설득당하지 않도록 한 명씩 멤버가 교체되어 모든 사람들과 토론하는 식으로 25명 전원이 교체되도록 짜여 있다. 참가자는 먼저 전문가나 이해관계자로부터 30분 정도의 설명을 듣고, 5명씩 나뉜 모둠에서 시민들만으로 토론을 벌인다. 오전에 두 차례, 오후에 두 차례, 나흘간 총 열여섯 차례 토론하게 된다.

처음 만나는 시민들은 아무래도 서로 서먹해하지만, 오전 두 차례의 토론시간 동안 서로 의견을 나누고 토론하다보면 서로가 스스럼없는 토론 동료가 되어 오후에는 열띤 토론이 이루어진다고 한다. 경우에 따라서는 현지조사를 할 때도 있다. 3일째 마지막 토론에는 의회 각 계파 대표들의 의견을 듣고, 4일째는 시민들만으로 해당 주제에 대한 해결책을 생각한다. 25명 단위의 각각의 그룹에서 나온 제안은 중립기관인 실시기관에서 정리된 후, 각 그룹에서 뽑힌 시민의 검토를 받아 시민 제안으로 공개적인 장소에서 시장에게 건네진다.

독일에서는 이미 1만 명 이상이 이 시민토론회에 참가했으며 도시계획, 환경문제, 외국인과의 공생, 복지, 유전자 기술의 적용, 유럽연합[EU]의 장래 등 다양하고 중요한 주제가 시민토론회를 거쳐 제안되었다. 지금은 EU 전체에서 시민토론회를 채택하고 있다. 예를 들어 이민자 문제가 생겼을 때 행정이 곧장 대응할 것이 아니라, 시민이 평소에 이민자들과 대화를 해서 해결해가는 관례를 제도화하자는 제안도 나왔다. 행정은 그 제안을 어떻게 처리했는지, 1년 후에 그 결과를 설명할 의무가 있다.

이런 제도가 있으면 사회에 대한 시민의 관심은 훨씬 더 커질 것이다. 시민은 시정의 구경꾼이거나 자기의 이해관계만을 행정에 요구하는 주권자가 아니라, 사회 전체에 대한 책임자이자 미래에 대한 책임자로서의 시민이 된다(시노토 아키노리[篠藤明德], 『마을 만들기와 새로운 시민참여: 독일의 계획세포제도 기법』 참조. 저자는 독일에서 실제로 이 활동에 관여했던 사람이다). 이러한 제도야말로 민주주의를 활성화하고, 시민을 사회인으로 길러내는 것이다.

⋮ 동료 만들기의 키워드 ⋮

사회적인 인간관계를 만드는 일은 귀찮은 것 같아도, 그야말로 권력도 돈도 없는 우리가 가진 유일한 자산이며 힘이라고 생각한다. 그 경로는 굴절되어 있지만, 그래도 사람들은 얼굴을 맞대고 의견을 나눌 수 있는 장을 원하고 있으며, 의견이 맞지 않더라도 모여서 대화할 곳을 찾고 있다. 그것이 설령 취미 모임이라 하더라도 동료를 만들 수 있고, 서로 배울 수 있으며, 커뮤니케이션이 이루어지기 때문이다.

동료 만들기의 키워드는 바로 "○○ 때문에 힘들다"는 말이라고 가르쳐준 사람이 있다. 이 말을 듣고 나는 독일의 한 초등학교에서 교사가 아이들에게 다음과 같이 말했던 장면이 떠올랐다. "신은 인간을 일부러 불완전하게 만들었어요. 완전한 인간만 있다면 서로 돕는 인간관계가 생기지 않아서죠. 인간은 부족한 부분을 서로 도와주면서 친구를 만들고, 서로 보완해주면서 좋은 사회를 만들 수 있어요. 힘든 일이 있으면 언제든 도와달라고 말하세요"라고. 그 말마따나 독일의 실업자나 장애인들에게서 "도와달라고 하면 이 나라에서는 그냥 내버려두지 않는다. 반드시 어딘가에 도와주는 곳이 있다"는 말을 자주 들었다.

일본에서는 "○○ 때문에 힘들다"는 말이 인간관계를 만드는 키워드라고 하는데, "도와달라"고 하면 반드시 어딘가에서 도움을 받는 독일인의 경우와 인간관계를 만드는 방식에서 서로 닮은 데가 있지 않은가? 사람들은 잠재적으로 서로 돕고 싶어 하는지도 모르겠다.

최근에 내가 느끼는 것은, 무슨 까닭인지 현대인은 겉으로는 사람들과의 교제가 원만해 보여도, 내심으로는 경계심이 강하거나 혹은 상처받는 것을 두려워해 타인의 눈치를 보고 자신을 드러내지 못하는 것 같다는 점이다. 더 자연스럽게 있는 그대로 행동해도 좋을 텐데, 어린 시절부터 일본이라는 사회가 있는 그대로를 허락하지 않기 때문일까. 자기책임을 강제당하기 때문일까. 사람들과 사귀는 데 지쳐버린 건 아닐까 하는 생각이 든다. 인간은 어려운 사람이나 불행한 사람을 도왔을 때 실은 기쁨을 느끼는데 말이다.

신뢰할 수 있는 것은 일기예보뿐이라는 여론조사 결과도 있지만, 인간관계에서는 물론 경제활동에서도 신뢰관계는 커다란 자본이다.

신뢰란 인간사회의 오래된 상식 같은 것이다. 서로 신뢰하는 관계 자체가 살기 좋고 쾌적한 감정을 가져다주기 때문에, 인간은 신뢰가 있는 사회를 양성해왔다고 할 수 있다. 방심을 틈타 상대를 따돌려 선수를 치는 관계는 오래 지속되지 않는다. 그런데 오늘날에는 인간관계 속에 '신뢰'라는 말이 그저 주관적인 이상에 불과한 것처럼 느껴지는 시대가 되었다. 개인의 세계에 틀어박히는 것도 신뢰관계에 조심스러운 자기규제일지 모른다.

그러나 사회와 거리를 두고 자기 안에 틀어박히는 사람이 늘어나면, 그런 사회는 사람들의 능력과 희망을 꽃피울 수 없는 안타까운 사회다. 뿐만 아니라 권력자가 제멋대로 행동하는 것을 용인하는 사회이기도 하다.

⋮ 고독하게 살아갈 수 있을까 ⋮

한신 아와지 대지진 때의 일이다. 그때까지 내가 계속해온 구[旧] 유고슬라비아 난민구호에 대한 보답이라며 유고로부터 초대를 받았다. 고베와 오사카의 체육관에 대피해 있는 초등학생부터 대학생까지 아이들 25명을 데리고 봄방학 기간에 베오그라드를 방문해 각 가정에 한 명씩 홈스테이를 했다. 아이들은 그곳에서 진심어린 환대를 받았는데, 그러한 환대에 감사하면서도 아이들 모두는 이런 말을 했다. "일본에서 우리는 모두 자기 방에서 생활했다. 하지만 여기서는 홈스테이 하는 가정의 아이들과 함께 지내야 한다. 그게 힘들다."

하지만 일본에서 자기 방을 가졌던 아이들도 혼자 제 방에서만 생활한 것은 아니다. 학교에 가면 친구가 있고 동아리 활동을 즐기기도 했다. 그러면서 자기만의 방도 있었던 것이다. 개인과 사회의 관계는 어느 한쪽만의 생활이 되면 고통스러워진다.

동일본 대지진으로 대피소에서 생활하는 사람들에게 사생활이 없이 훤히 들여다 보이는 집단생활은 정신적으로 부담이 클 것이라고 짐작했다. 역시나 시간이 가면서 체육관은 각자 텐트를 치거나 종이상자로 벽을 둘러치는 생활로 바뀌어갔다. 그것을 보며 바야흐로 일본 사회도 어디서나 개인의 영역이 불가결해졌다는 생각이 들었다. 온종일 함께 있는 게 꼭 좋은 것만은 아니다. 지금은 노숙인도 혼자 있고 싶어 하는 사람이 많다고 한다. 그러나 혼자서는 위험하기 때문에 밤새도록 돌아다니다 아침 일찍 순환선 전철을 타고 그 안에서 잠을 잔다는 것이다.

'변소밥'이란 말이 있다. 학교 화장실 안에서 식사하는 것을 일컫는 말이다. 흔히 혼자서 밥 먹는 것은 쓸쓸하다, 식사는 여럿이 즐겁게 대화를 나누며 하는 것이 행복한 단란함이고 그것이 식생활문화라고 여겨져왔다. '고독한 식사孤食'라는 말이 건전하지 못한 가정 풍경을 말해준다고 하던 게 불과 몇 년 전의 일이다. 지금은 단란함조차도 번잡스럽고, 타인의 시선이나 주위를 신경 쓰지 않고 혼자서 자유롭게 식사하는 것을 선호한다. 하지만 학생들이 모이는 학교식당에서 혼자 밥을 먹으면 아무래도 친구 하나 없는 불쌍한 사람으로 보일까봐 아무도 들어오지 않는 화장실에서 혼자 식사한다는 것이다. 정말로 그런 학생이 있는지 확실하지는 않지만, 개인화 사회를 상징하는 말이 아닐까 싶다.

개인화의 흐름은 어디까지 갈 것인가? 사람들은 무연無緣사회를 동정의 눈으로 바라본다. 그러나 다른 한편으로는 무연을 바란다. 연고가 없다는 것이야말로 자유라고 느끼는 것이다. 그것은 속편하게 살아가는 고독이다. 사람은 개인으로서의 사생활과 사회인으로서의

나는 사회인으로 산다

사회적 관계, 양쪽의 균형을 잡을 때 가장 자기답게 살 수 있다.

가정법원 조사관의 말로는, 전에는 소년원에서 지내는 아이들이 가장 싫어하는 것은 독방생활이었다고 한다. 싸움을 하더라도 빨리 동료들과 함께 생활하는 큰 방으로 돌아가고 싶어 했다. 지금은 반대로 여러 사람들 속에 있기를 원하지 않고 독방에서 지내고 싶어 하는 소년이 많다는 얘기다.

오늘날 개인화 사회에서 사회인이 된다는 것은 귀찮고 부자유스런 일이며, 개인주의야말로 자립적이고 자유로운 인간의 본래 모습이라고 생각하는 사람들도 있다.

그러나 사람은 고독해서는 살아갈 수 없으며 자기 확인도 마음의 성장도 즐거움도 없다는 것을 안다. 초등학생들에게 "가장 괴로운 것은 뭐지?"라고 물어보면 "외톨이가 되는 것"이라고 답한다. 집단따돌림의 끝이 무시하기라는 것을 생각하면, 인간에게 고독은 사회적인 죽음이다. 특히나 성장이 필연적인 아이들이 그 점을 느끼는 것은 당연한 일이다.

노인이 되어 사회로부터 잊혔다는 쓸쓸함 속에서 살아가는 사람은 어쩌다 말벗이라도 만나면 끝도 없이 이야기하고 싶어 한다. 아무리 귀찮아 보여도 사회인이라는 것이야말로 인간의 본성이자 본심이고 행복한 인생임을 통감할 것이다. 타자가 있어야 비로소 인간은 자기 존재를 확인할 수 있기 때문이다. 사람은 타인과의 관계 속에서만 자신의 인생을 살아낼 수 있다.

사람들과의 생활은 성가시기도 하고 그 과정에서 상처받는 일도 생기지만, 그것이 인간관계를 만드는 계기가 되기도 한다. 사람들과의 생활에는 생각지도 못한 일이나 불합리한 일이 많이 일어나지만, 그런 석연찮음이 인간의 생활 그 자체인 것이다.

공유주택^{share house}이라는, 다양한 연령대의 사람들이 한데 어울려 가족처럼 살아가는 집이 있다. 어느 가족의 아이가 다른 사람 방에 멋대로 들어가서 방을 온통 휘저어놓아 민폐를 끼치는 경우도 있지만, 한편으로 혼자였다면 얻지 못할 생생한 감정을 느낄 수도 있다고 한다. 공유주택 사람들은 그것이 인간관계라고 받아들일 각오를 하고 있다. 공유주택에 사는 한 직장여성은 귀가해서 그날 회사에서 있었던 푸념을 들어주는 사람이 있다는 것만으로 마음이 편해진다고 했다. 한편으로는 사생활을 유지하면서도 또 한편으로는 고독하게 살고 싶지 않다면 인간관계의 복잡함을 받아들이는 수밖에 없다. 하지만 그것을 당연한 일이라고 각오한다면 그 또한 즐겁다고 한다.

사람이 싫다고 해도 그게 진짜 마음속에서 영원히 그럴지 아닐지는 알 수 없다. 살아 있는 한 어딘가에서 사람을 찾고 인간사회의 동료로 끼고 싶은 마음은 있지만 번거로움, 실망, 상처를 두려워해 처음부터 사람들과 관계를 맺지 않으려는 사람도 있을 것이다. 하지만 병에 걸렸기 때문에 더더욱 의료인들과의 관계가 생기고, 같은 병을 앓는 사람들과 서로 돕는 동변상련도 생긴다. 자신의 한계를 느꼈을 때 연대가 생기는 것이다. 그러한 현실이야말로 인간다운 인간이 있

나는 사회인으로 산다 :·

을 자리인지도 모른다. 어느 생리학자는 자유란 인간 본성에 따라 살아가는 것이라고 말한다. 그런 의미에서 개인인 동시에 사회인이라는 것이야말로 자유의 조건이다.

3장

사회인에게 일한다는 것의 의미

: 사회 속의 노동

인간에 대한 정의는 다양하게 있지만, 고대 그리스의 철학자 아리스토텔레스의 "인간은 사회적 동물", "인간은 언어를 가진 동물"이라는 말이나, 미국 독립선언서의 초안을 쓴 사람이자 과학자이기도 했던 벤저민 프랭클린의 "인간은 도구를 만드는 동물"이라는 말만큼 인간의 사회성을 잘 표현해주는 말이 또 있을까?

언어와 마찬가지로, 노동은 언제나 사회적 관계와 함께했다. 인간은 도구를 사용해 노동할 뿐만 아니라, 도구를 만드는 도구까지 만든다. 도구·기술을 개량해 생산성을 높이고 생활을 풍요롭게 했을 뿐 아니라, 사회 그 자체를 바꾸었다.

기술의 전달도, 공동작업도, 분업도, 분업을 결합한 협업도, 수요와 공급의 관계도 전부 사회적으로 이루어진다. 수공업 시대 초기에는 사람들이 각자 자신의 도구와 재료를 가지고 한 작업장에 모여

제각기 독립적으로 수레바퀴를 만드는 작업을 한 적이 있었다. 공동 작업을 하는 것도 아니고 분업을 하는 것도 아니지만, 한 작업장에 모이는 것만으로도 생산성이 향상되었다고 한다. 그것은 장인들 각자가 타인의 작업방식에서 자극을 받거나, 정보를 얻거나 또는 도구를 개량하는 데 시사점을 얻었기 때문이다. 또 서로가 대화를 나눔으로써 작업에 활기가 생겼다. 이 현상은 공교육이 가정에서 하는 사교육보다 좋은 효과를 올리는 것과도 비슷하다.

언어가 사회적 인간의 중요한 속성 중 하나인 것처럼, 노동 역시 사회적 인간의 중요한 속성이다.

고용 여부, 이윤 획득 여부에 관계없이 태곳적부터 노동은 인간이라는 존재와 분리할 수 없는 것이었다. 노동 없이 인간의 역사는 없고, 노동하는 인간 없이 사회는 구성되지 않는다.

노동은 원래부터 임노동이었던 게 아니다. 고고학자의 연구에 따르면, 나무열매나 식물을 채집하던 원시시대에는 노동에 지배ㆍ피지배 관계가 인정되지 않았고, 근력이 있고 없음에 따라서 각자가 일을 했다고 추정한다. 그 후 노동은 노예노동인 적도, 부역노동인 적도, 독립 자영노동인 적도 있었다. 그러던 노동이 임노동이 되고 상품화되어, 고용이라는 형태로 계약에 의한 노동력 매매가 일반화된 것은 자본주의사회가 되고 나서다.

따라서 오늘날에도 노동의 기쁨을 얻을 수 있는 사람들만 있는 건 아니다. 자기 능력과 희망에 맞지 않는 고역에 종사하는 사람이나, 힘든 노동조건과 장시간 노동에 따른 과로로 비인간적인 노동을 강요당하는 사람도 있다. 개인의 창조성과 판단을 살릴 자유재량의 여지가 없는 노동은 빠듯한 효율성과 명령으로만 움직이는 로봇 같은 노동에 가까워진다. 게다가 임금도 낮고 일과 생활의 균형도 깨진다면 노동은 그야말로 고역으로만 느껴질 것이다.

그러나 인간에게 노동은 본래 임금(생활의 양식)을 얻어 생활한다는 의미만 있는 건 아니다. 어떤 목적을 달성하는 데 부합하는 활동을 통해서 자신의 능력을 발달시키고, 사회에 도움이 되며, 일터에서 동료를 만나고 서로 협력한다는, 사회인으로서의 삶 그 자체였다. 그렇기 때문에 취직을 못하는 청년들은 생활비를 벌 수 없을 뿐 아니라, "자신의 인격 전부를 부정당한 기분"이 들 것이다. 그들은 "할 일 없이, 성취감도 없이 매일 무얼 하며 지내야 좋을지 모르겠다"고 말한다.

남녀고용기회균등법의 성립과 여성의 사회진출 역시 그저 생활의 자립을 바라는 데 그치는 것이 아니라, 사회인으로서의 보람을 원하는 것 아니었을까?

나중에 다시 보겠지만, 비정규직 노동자가 시급 얼마라는 식으로 불안정하게 자신의 노동력을 떼어 팖으로써 누구라도 대체가능한 원료 같은 취급을 받고, 따라서 각자의 노동능력 발달과 경험 축적, 동료의식을 갖기 어렵게 된다면 그 자체가 본래의 인간다운 노동에 반하는 것이다.

인간의 노동이 형식상 시간으로 계약되는 추상적인 노동이라 하더라도, 노동 자체가 쓸모 있다는 것은 어디까지나 그것이 구체적 노동이기 때문이다. 자본주의사회는 인간의 속성인 노동을 상품경제라는 틀에 억지로 꿰어 맞춰 임노동이라는 형태를 취하고 있지만, 많은 사람들의 기쁨은 구체적인 노동에서 의미를 찾아내고 삶의 보람을 느끼는 데 있을 것이다. 그래서 본인의 적성과 전문성을 지나치게 무시한 직종으로 배치전환되면 종종 재판으로 그 시비를 다투기도 한다.

⋮ 난민들이 원했던 것 ⋮

노동은 그 모습에 따라서 삶의 보람이 되기도 하고 고역이 되기도 한다. 그러나 돈벌이만이 아니라 노동을 통해서 사회적으로 존재 의의를 인정받고 보람과 기쁨을 느끼고 싶은 사람은 많다. NPO · NGO 활동은 그런 측면을 조명해준다.

인간에게 노동은 먹는 것, 자는 것과 마찬가지로 꼭 필요한 것이다. 예를 들어 이런 일이 있었다.

20년간 난민구호 NGO활동을 하면서 나는 구 유고슬라비아 난민들에게서 "물고기를 주기보다 낚시 바늘을 주라"는 예로부터 전해 내려오는 격언을 여러 번 들었다. 그들 역시 어떠한 역경에 처했더라도 일방적인 시혜를 받기보다는 일을 통해 자립할 수 있는 생활

나는 사회인으로 산다 ⋮·

과, 자립한 개인이 서로 협력할 수 있는 사회를 원했던 것이다. 자국 정부가 국민들을 무력분쟁에 몰아넣고 생활을 파괴하여 일터도, 자립할 사회적 기반도 사라진 경우 외국의 원조는 분명 고마운 일이다. 그러나 외국의 도움을 받는 생활은 시혜에 의존하는 생활이지, 자국 법률에 의해 권리로서 보장되는 생활은 아니다. 생활을 보장할 공공시스템이 없고, 시민이 협력하여 공공성을 만들어낼 수 없는 나라에서는 개인과 사회가 서로 순환하는 관계가 되지 못하기 때문에, 원조는 구멍 뚫린 양동이에 물을 퍼붓는 꼴이 된다. 질병이나 재해로 인해 무조건 도움이 필요한 경우도 있다. 하지만 자립하고 싶은데도 일방적으로 의존할 수밖에 없는 생활은 결코 행복하지 않다. 우리는 서로 "고마워"라는 말을 주고받으며 자연스럽고 대등한 인간관계 속에서 살고 싶기 때문이다.

난민들의 마음을 헤아린 우리는 난민캠프에 공업용 재봉틀 30대를 갖춘 봉제공장을 만들었다. 그리고 그곳에서 함께 숙식하며 간단한 주머니 만들기 실습부터 시작해 외투를 만들 수 있을 때까지 하루 11시간씩 몇날 며칠에 걸쳐 기술을 가르쳤다.

난민들에게는 식사와 더불어 여러 가족이 함께 생활하는 방이 제공되었지만, 놀랍게도 이들은 그때까지 서로 대화를 나누거나 도움을 주고받은 적이 없었다. 그러던 것이 직업훈련을 통해 비로소 한교실에서 함께 시간을 보내며, 서로 연수 내용을 가르쳐주고 도와주기도 하는 동안에 자연스럽게 관계가 생겨났다. 그리고 기술이 쌓여

가면서 이번에는 직업훈련에 참가할 수 없는 노인과 아이들을 배려할 여유가 생기게 되고, 남루한 옷밖에 없는 사람에게 옷을 지어 선물하기 시작했다. 그때까지 남 걱정해줄 인간적인 여유 따위가 있을리 없었기에, 그 일은 오랫만에 되살아난 인간답고 즐거운 작업이었다고 이들은 회고했다.

직업훈련의 마지막 수료식 날에는 자신들이 만든 옷을 몸에 걸치고 솜씨를 뽐내는 난민캠프 패션쇼가 열렸다. 그것은 그녀들이 난민이 되고 나서 처음으로 기쁨이라는 감정을 떠올린 날이었다고 한다. 그 후 그녀들은 적십자 일을 따내 자립했으며, 난민캠프를 나와 시민으로서 다시 생활을 꾸리게 된 사람도 많다.

난민이 되기까지가 그랬던 것처럼, 노동을 통해서 그들은 계획성 있는 목적을 갖게 되었고, 활기를 되찾았으며, 세상과 연결되고, 조금이나마 인간성을 회복할 수 있었다고 생각한다. 그러나 그렇게 되기까지 우리는 국적도 주어지지 않는 난민들의 보잘것없는 수입에서 세금을 떼려는 정부와 몇 번이나 격렬하게 부딪혀야만 했다. 일본대사관 직원은 정색을 하며 내게 말했다. "이 나라에는 엄청난 부자도 있어요. 당신들이 저금을 털어가며 여기까지 도우러 오지 않아도, 난민들이 직업훈련에서 번 약간의 돈을 이 나라 정부가 빼앗지 않더라도, 얼마든지 세금을 거둘 수 있는 부자들이 있단 말입니다."

국가와 사회의 현실은 자립의 기초인 노동의 현실을 좌우하고, 노동의 현실은 개인의 생활과 행복을 좌우한다. 자립을 불가능하게 하

나는 사회인으로 산다

고, 자립의 토대를 쌓으려고 하지 않는 사회의 현실을, 구호활동 속에서 우리는 지겨울 만큼 뼈저리게 느꼈다. 그리고 지금 일본 사회를 보면서도……

: 캐시 포 워크

난민지원활동에서 내가 경험한 것과 비슷한 활동이 동일본 대지진 후에도 펼쳐지고 있다는 소식을 들으며, 역시 지원활동에는 자연스럽게 공통점이 생겨난다는 것을 새삼 느꼈다. 그것은 인간과 노동의 떼려야 뗄 수 없는 관계를 보여준다. 인간은 노동을 통해서 구원을 얻는다는 측면이다.

동일본 대지진에서의 활동은 캐시 포 워크^{cash for work}라 불리는 활동으로, 자원봉사자나 외부 업자가 아닌, 이재민 스스로 지역 부흥을 위해 일하고 대가를 얻어 생활재건과 지역재건을 촉진하는 협업활동이다. 단순한 케인즈주의 식의 '실업대책'이 아니라, 지역사회를 만들어가기 위한 협동이라는 점이 높은 평가를 받고 있다(자치총연^{自治總研}이 개최한 2011년 9월 14일 심포지엄에서 발표한 나가마쓰 신고^{永松伸吾} 씨의 보고. 그의 저서 『캐시 포 워크』도 참조).

이 활동은 한신 아와지 대지진에서 교훈을 얻었다. 지진 후 가설주택에서 고독하게 죽어간^{孤獨死} 사람은 254명. 그중의 70%가 남성으로, 절반 이상이 65세 미만의 나이였다. 일자리를 잃어 살아갈 보람도 없고, 사회와의 관계도 사라져 알코올중독에 빠진 채 간질환으로 사망한 사람도 많았다.

1990년대 중반부터 국제적인 인도적 지원활동에도 이 '캐시 포워크'라는 방법이 도입되었다. 노동에 보수가 지불되는 점에서는 일반적인 노동과 같지만, 지역의 부흥과 더 나은 사회를 만들기 위한 잠재력이 되는 일자리를 만드는 것이 주된 목적이라는 점에서 단순한 실업대책과 구별된다.

구체적으로는 건물 잔해 처리나 청소, 오염제거작업뿐만 아니라, 몸으로 하는 일이 적합하지 않은 사람들에게는, 예컨대 콜센터에서 이재민의 고충을 접수하거나, 이재민이 받을 수 있는 지원을 설명하거나 상담에 응해주는 일이 만들어진다. 이재민이 이재민을 상담하면 같은 피해를 겪은 만큼 상담자의 뜻을 헤아려 사소한 것까지 세심하게 지원할 수 있다고 한다.

가벼운 작업이라면 할 수 있다는 사람에게는 쓰나미로 진흙범벅이 된 사진을 회수하여 얼룩을 닦아내고 잘 말려서 주인에게 돌려주는 일, 피해증명서 발행 사무작업 보조, 지원활동을 하러 온 자원봉사자에게 이재민의 요구에 맞는 일을 소개해주는 일(나도 그 센터에 부탁해서 우리가 희망하는 원조를, 그것을 필요로 하는 이재민에게 연결할 수 있었다. 덕분에 서로 불만족 없이 좋은 성과를 냈다), 자원봉사자를 위한 식당이나 숙소 영업, 손수레를 이용해 가설주택에 생필품을 팔러 다니는 순회매점(동시에 판매원은 가설주택에서 어려운 점이나 고충을 듣고 행정서비스로 연결하거나, 주민의 말벗이 되어주거나 상담을 받기도 한다) 등, 이런 일들은 이재민이기 때문에 더더욱 이재민의 욕구에 정확히 대응하고 이재민과 한 몸이 되어 할 수 있는 일이며, 장차 지역사회 만들기에도 쓸모 있는 경험이 된다. 그리고 일에 종사하기 전에 그 일을 위한 직업훈련도 받기 때문에, 일하는 사람으로서는 장래에 직업을 찾는 데도 도움이 된다.

이재민 중에는 가족을 잃고 모든 것을 상실한 슬픔에 빠진 사람도 있는데, 한 이재민은 "일을 한다는 것은 수입이나 보람일 뿐만 아니라, 어떤 의미에서는 쓰라린 현실을 잊기 위한 심리치료 효과도 있다"고 말한다.

그 점은 난민지원에서도 마찬가지였다. 우리가 난민캠프에 뜨개질 일거리를 가져갔을 때, 난민들은 "뜨개질하는 동안은 모든 걸 잊을 수 있다"고 말해주었다. 쓰나미에 휩쓸려버린 항구에서도 어부들은 "중요한 건 물고기가 잡힐지, 그것을 팔 수 있을지의 문제가 아니다. 바다에 나가서 일한다는 것 자체가 기쁨과 활력의 원천"이라고 말하며, 농민들도 작물을 심으면서 똑같은 말을 한다.

인간에게 노동이라는 것은 정말 불가사의한 힘을 가졌다. 그렇기 때문에 더더욱 노동이 사람들에게 진정한 기쁨이 되는 사회를 만들어가야 한다.

: 노동을 통한 화해와 협력

우리 NGO는 교통편이 좋지 않은 코소보에서 이동에 필요한 산악 자전거 조립 수리 직업훈련소를 만들고, 서로 적대했던 민족이 함께 기술을 배우는 훈련을 실시했다. 그 기술 지도를 맡은 이들은 국제 사회에서 경험을 쌓고 있는 우리 NGO의 청년 실무자와 일본의 사이클링부 대학생들이었다. 이를 위해 일본에서 만반의 준비와 리허설을 했다. 그들은 고도의 기술을 가진 전문 자전거 매장을 다니며 전문적인 수리방법을 배우고, 직업훈련용 교과서를 만들고, 각각의 부품을 조립해가며, 작업시간이 얼마나 걸리는지를 실제로 테스트하고, 현지에서의 수업계획을 짰다. 현지인들에게 열심히 가르치고 사랑받으면서, 학생들은 남을 위해 일하는 기쁨과 자신감을 얻었던 것이다(그 때문인지 어떤지는 모르겠지만, 일본에서 그들의 취직 자리는 금방 정해졌다).

그중에서도 직업훈련소 졸업식에서 있었던 일이 기술 지도를 담당했던 일본 청년들에게는 특히나 잊히지 않는 경험이었다고 한다. 졸업식 날, 훈련생들은 시험감독관 앞에서 분해된 부품으로 자전거 한 대를 조립하는 실기테스트를 훌륭하게 해냈다. 가르친 것을 얼마나 몸에 익혔을지, 그들을 지켜보는 일본 학생교사들도 진지했다. 졸업 테스트에 통과하자, 이번에는 훈련수료생 전원이 자기가 만든 자전거로 시험운행에 나섰다. 자전거 행렬이 출발할 때, 그들의 얼굴은 가르친 사람과 배운 청년들이 일심동체가 되어 환한 자신감으로 가득 차 있었다! 시험운행을 마친 후 졸업식에서 그들은 자기가 조립한 자전거를 한 대씩 수여받았는데, 자전거를 받는 것보다 자전거 조립기술을 몸에 익혔다는 자신감에 얼마나 기뻐했는지 모른다. 그들 중 몇몇은 그 기술로 나중에 기술고등학교 조교가 되기도 했고, 자전거 수리점을 개업하는 등 노동을 통해서 세상 사람들과의 접점을 만들 수 있었다.

그 후 우리 NGO의 청년 실무자들은 민족화해를 목적으로 컴퓨터 습득을 위한 기숙학교도 만들어, 민족 구별 없이 청년들과 숙식을 함께하며 컴퓨터 기술을 가르쳤다. 그리고 그들이 습득한 기술로 자신들의 공동체에서 민족화해를 위해 무엇을 할 수 있을지 스스로 대화하고 철저하게 궁리하여 기획안을 만들었다. 몇몇 기획은 나중에 실현되기도 했다. 노동을 통해 수입을 얻을 뿐만 아니라, 노동을 통해 사회를 만들고 사회를 연결하는 것을, 세르비아와 알바니아 양측의 청년들은 몸으로 깨달았다.

무력을 동원해 민족끼리 싸움을 하고 있어서는 경제활동도 일하는 것도 불가능해진다. 대립한 두 민족에게 공짜로 원조물자를 준다한들 서로 빼앗기만 할 뿐, 함께 살아갈 상부상조와 호혜의 뿌리는 자라나지 않는다. 노동의 장과 기술을 제공하면 자연발생적으로 시장도 생기고, "사회와 인간관계가 없으면 경제활동도 없고 생활을 풍요롭게 할 수도 없다"는 것을 머리가 아닌 몸으로 이해할 수 있으며, 화해와 공존의 중요성을 깨닫는 풀뿌리가 생긴다.

컴퓨터 기술을 가르친 일본인 청년 실무자는 다음과 같이 말했다.

"민족의 화해와 협력을 실천하려면 그 목적이 옳다는 것만으로는 성공하지 못한다. 우선 쌍방이 하는 말에 충분히 귀 기울이는 것, 먼저 상대방을 이해하고 나서 자신을 이해시키려고 하는 것이 중요하다. 그리고 자기와 상대방 모두를 기분 좋게 하는 커뮤니케이션이 있어야 비로소 화합의 계기가 생겨난다."

⋮ 일하는 것의 기쁨을 느끼며   ⋮

어려움을 안은 분쟁국 사람들을 언제나 형제처럼 생각했던 그들에게서 후쿠시마 구호활동에 도움이 되고 싶다는 상담이 왔을 때, 실업률이 50%를 넘고 월평균임금이 아직 3만 엔도 되지 않는 그들의 요청을 어떻게 받아들여야 할지 망설였다. 그러나 그들은 나름대로 생각한 끝에, 공기가 깨끗한 산 중턱에서 무농약으로 재배된 세르비아의 특산물인 월귤과 덧나무 열매를 아직 말랑말랑할 때 수확해 잘 말려서 보내왔다. 방사능 오염을 걱정해서 과일도 변변히 못 먹는 후쿠시마 아이들을 위해 미네랄과 비타민이 풍부해 면역기능을 높이는 이 건과乾果를 보내주고 싶다는 바람에서 약간의 돈을 모아 함께 보내준 것이다.

우리는 후쿠시마 아이들을 보육하는 어린이집과 연락해서 원장

에게 희망사항을 묻고, 그 건과를 과일케이크와 쿠키, 러스크 등 세 종류로 구어서 480인분을 보내기로 했다. 후쿠시마의 아이들이 3월 이후로는 아직껏 생일잔치를 못했다는 말을 들었기 때문이다. 480인분이나 되는 과자를 위생적으로 관리되는 시설에서 구어야 할 텐데, 어느 제과공방에서 구우면 좋을지 이리저리 생각했다. 그 결과 선택한 것이 장애인 자활 작업장으로서 제과공방을 갖춘 도쿄 도 이타바시 구의 아카즈카복지원과 마에노복지원, 그리고 항상 무상으로 구호활동에 협력해주는 도쿄 제일우애회^{第一友の会}였다. 과자를 만들 수 있을지 장애인 자활 작업장에 조심스레 타진했더니 흔쾌히 수락해주었다.

보내온 건과가 작업장에 반입되자, 장애인들은 지도교사와 함께 정성을 다해 과자를 만들었다. 과자를 먹는 아이들의 모습을 상상하며 집중력을 발휘해 사흘에 걸쳐 만들었다고 한다. 그래서인지 과자는 정말 맛있었다. 거기서 일하는 장애인들에게 얼마간의 임금을 지불할 수 있었던 우리도 조금이나마 작업장에 도움이 될 수 있어서 무척 기뻤다. 그때 작업장에서 일하던 이들도 이구동성으로 "이렇게 도움되는 일을 할 수 있어서 정말 기쁘다"고 말했다.

우리는 아직 동도 트지 않은 어스름한 새벽에 일어나서 정성이 담긴 이 과자를 아이들이 있는 곳으로 실어 날랐다. 과자를 받아든 어린이집 원장도 과자가 완성될 때까지의 사연을 학부모와 아이들에게 이야기하며, 모두의 진심이 겹겹이 담겨 여기까지 온 이 과자를 마음으로 맛보고 싶다고 말해주었다. 우리가 어린이집을 떠날 때 창가로 달려온 아이들이 손을 흔들며 "고마워요. 정말 맛있어요"라고 외쳐주었던 것을, 나는 복지원 작업장 사람들과 무상으로 협력해준 우애회 사람들에게도 전했다.

일을 한다는 것은 과연 인간에게 어떤 의미일까? 작업장에서 일하는 장애인들의 마음 한구석에는 늘 사회에 신세를 지고 있다는 생각이 있는 것 같았다. 그들은 쓰나미와 원전 사고라는 불행을 겪은 이재민들에게 뭔가 해주고픈 마음이 남들보다 더 컸지만 뭘 해주면 좋을지 몰랐다. 자신들이 과연 무엇을 할 수 있을까……. 그럴 때 우리의 갑작스런 의뢰가 들어온 것이다. 그들의 하루 일과는 정해져 있고, 매일 조금씩 과자를 구워 팔면서 약간의 수입을 얻고 있다. 거기에 느닷없이 480인분의 작업이 떨어진 것이다. 보통 그런 경우라면 거절하고 싶었을 것이다. 또 거절할 수도 있었다. 하지만 그들은 기쁘게 그 일을 받아들이고, 계획에도 없던 일을 무리해가며 완수해준 것이다.

기술교사에 따르면, 그 일은 그들이 후쿠시마의 이재민들을 걱정하면서도 아무것도 도와줄 수 없는 자신에게 찾아온 최초의 "남을 돕는 일"이었다고 한다. 항상 도움을 받는 입장에 있던 그들은 너무도 기쁜 나머지 평소보다 몇 배 더 집중해서 정성을 다해 과자를 만들었다고 한다. 남에게 도움이 된다는 것은 일하는 기쁨의 원동력인 것이다.

내가 이 말을 후쿠시마의 젊은 아빠에게 전했더니 뜻밖에도 그는 하염없이 눈물을 흘렸다. 한번 쏟아진 눈물은 쉽게 멈추지 않았다.

노동이 인간에게서 분리될 수 없다는 것은 장애인도 마찬가지다. 예를 들어 장애인 작업장에서는 일하는 장애인에게 기술을 지도하거나, 신체활동을 보조하거나, 팀 작업을 도와주는 서포터가 필요하다. 모든 걸 비용으로 판단하는 시장주의적인 사고방식에 갇힌 사람들은, 적자를 내기만 하는 작업장 따위 필요 없다, 작업장보다도 생활에 필요한 현금을 직접 장애인에게 지급하면 된다고 말한다. 그러나 그것은 인간과 노동의 본원적인 관계를 보지 못하는 사람들의 말이다. 만약에 작업장이 없다면 장애인들은 동료를 만날 기회도 제한되고 사회에 참여할 수도 없다.

원래 시장경제라는 것은 그 물품을 필요로 하는 사람들이 자유롭게 참가할 수 있는 열린 교환의 장이었다. 얼굴이 보이는 시장에서 사람들은 물건의 교환을 통해 타인에게 도움이 되었다는 것을 실제로 체험하는 기쁨을 느꼈을 것이다. 편리해서 좋았다든지, 맛있었다든지, 다음에 또 갖고 와달라든지……. 시장은 사람들이 서로 관계를 맺는 장소이며, 말 그대로 사회였다.

∶ 인간적인 노동과는 동떨어진 현실 ∶

인간적인 노동조건 중의 하나는 타인의 기쁨이 되는 것을 기꺼이 만들고, 그 결과가 인간사회의 행복과 복지로 이어지는 노동이라는 점이다. 지금 일본 사회의 노동은 이렇게 되고 있을까? 그것을 알려면 먼저 자신의 노동이 인간적인 노동인지 아닌지를 검토할 필요가 있다. 먼저 일과 생활의 균형^{work life balance}이라는 면에서 노동의 모습을 살펴보자.

저임금에다 너무도 가혹한 장시간 노동을 하면 자신만의 생활도 없고, 살아가는 보람이나 사회를 배려할 여유도 생겨나지 않는다. 인간으로서 보람 있는 노동과 인간다운 생활을 양립할 수 있도록 하는 것이 사회적 연대를 가능하게 하는 전제조건이다.

우리는 과연 어느 정도 일하고 있을까? 후생노동성의 「매월근로통계조사」에는 단시간 노동이 포함되어 있기 때문에, 노동시간 평균이 전일제 노동자의 실제 노동시간보다도 짧게 나온다. 2010년도 사업규모 30인 이상 기업의 노동자 1인당 평균 연간 총 실제노동시간은 1,798시간이다. 불황 탓에 표면적으로는 잔업시간이 줄어든 것처럼 보이지만, 관리직이라는 명목 하에 노동시간에 관계없이 일하거나 일반 노동자의 부불노동(지불되지 않는 노동)이라는, 겉으로 드러나지 않는 잔업시간이 존재한다. 한편 총무성의 「노동력조사」(2010)에서는 사업규모 30인 이상 제조업이 2,247시간으로 나타나 후생노동성 「매월근로통계조사」의 노동시간과는 큰 차이를 보인다. 근로기준감독청에 따르면, 2010년도에 잔업에 대하여 정당한 할증임금을 지불하지 않아서 시정명령을 받은 1백만 엔 이상 할증

임금 시정액의 합계는 123억 엔에 달한다. 서비스업에서는 하루 10여 시간의 노동도 드문 일이 아니다.

집에까지 일거리를 가져오는 경우도 있다. 만약 회사에서 근무시간에 사적인 용무를 처리한다면 상사에게 경고를 받을 것이다. 반대로 회사나 학교 일을 집에 가져와서 하지 않으면 도저히 기한을 맞출 수 없는 일처리 방식은 너무도 당연시된다.

노동시간이 길고, 업무에 여유가 없고, 상사의 질책을 받아 마음의 병을 앓는 회사원의 사연이 신문과 TV에 자주 등장한다. 후지쯔시코쿠시스템즈富士通四国システムズ의 시스템 엔지니어 N 씨의 귀가는 오전 0~3시. 편의점에서 산 도시락으로 저녁을 때우고, 아침 8시에 일어나 출근. 일이 고된 나머지 우울증에 걸렸다(나중에 재판에서 승소). 장시간 노동과 직장상사의 괴롭힘* 등으로 몸과 마음의 건강을 상한 사람이 있는 사업소는 60%. 그중 30%는 3년 전보다 인원수가 늘어났다(노동정책연구 연수기구 조사. 5,250개 사업소 응답). 성과주의와 구조조정으로 직장의 여유는 사라지고 스트레스가 늘었다고 한다. 도쿄의 S 씨는 편의점 점장이 되고 나서 37일간을 쉬지 않고 근무했다. 4일에 80시간을 일하지만, 점장은 관리직 취급을 받아 수당

....

*   원문은 파와하라(パワハラ). '권력(power)'과 '괴롭힘(harassment)'을 조합해 만든 일본식 축약어로, 직장 내 힘 있는 상사가 부하 직원에게 폭언을 일삼거나 인격을 침해하는 행위를 말한다. 일본에서 심각한 사회 문제로 대두되고 있다.

도 붙지 않는다. 우울증에 걸린 그는 이런 말을 했다. "나는 회사의 '톱니바퀴' 이하였다. 다 타버리면 아무것도 남지 않는 '연료'였다" (《아사히신문》 2011년 10월 21일).

학교 교사가 정년을 채우지 않고 그만두는 것이 요즘의 추세이다. 1980년대에는 장시간 노동에 대한 비판의 소리가 아직은 사회적으로 강했지만, 지금은 일할 수 있는 것만으로도 행복이라고 믿게 하는 풍조 속에서 장시간 노동에 대한 비판도 겉으로 드러나지 않게 되었다.

교사의 초과근무시간은 월평균 80시간을 넘어 거의 과로사 수준에 달한다. 도쿄 도 세타가야 구의 교직원 5백 명의 근무실태를 조사한 결과를 보면(2011년 9월), 근로기준법에서는 8시간 노동에 45분의 휴게시간을 주게 되어 있지만, 점심시간에도 방과 후에도 휴식을 취할 수 없는 상황이라고 한다. 운동회, 학습발표회, 문화제, 체력 테스트 등 학교행사는 늘어나는 한편, 교사 측에서도 연수나 회의가 늘어나고, 연수를 받으면 보고서 제출이 의무화되었다. 게다가 수업준비, 학부형 면담, 토요 수업, 자기신고서 제출, 교원면허 갱신 등에 쫓긴다. 이래서는 아이들과 즐겁게 대화하거나 아이들이 하는 야구나 축구, 게임, 놀이에 끼어들어 서로 마음을 주고받을 시간이 없다.

2011년 「국민 춘투* 백서」에 따르면, 기업규모 5인 이상 사업소에

---

* 春鬪. 춘계투쟁의 준말. 일본 노동운동에서 매년 봄에 전국적으로 벌이는 임금 협상

나는 사회인으로 산다 :·

서 일하는 노동자는 3,192만 6천 명. 1인당 연간 총 실제 노동시간을 1,986시간이라고 하면, 서비스(무보수) 잔업시간 근절로 202만 6천 명의 고용이 늘어날 것으로 추산한다.

연차휴가 평균 급여일수는 18일이지만, 일본인의 평균 취득일수는 8.9일이다(프랑스의 연차휴가는 30일, 영국은 4주, 독일은 24일이다. EU의 연차휴가는 완전취득을 전제로 해서 휴가 중 교체요원이 확보된다). 일본에는 주휴 2일제조차 실현되지 못한 기업이 여전히 10%가량 된다. 시급제로 일하는 사람 입장에서는 휴일이 늘어나면 수입이 줄기 때문에 마냥 기뻐할 수 없다. 임금이 너무 낮아서 가족이 생활할 수 없기 때문에, 하루 일이 끝나면 또 다른 일터에 가서 도시락 싸는 일을 하는 등 밤늦게까지 일하는 사람도 있다. 한편에서는 비정규직과 실업자가 넘쳐나고 있지만, 다른 한편에서는 병에 걸릴 만큼 초超장시간 노동이 강제되고 있으니, 도무지 사회적인 합리성이 없다.

그런 상황에서 일하는 사람들이 과연 집에 돌아와 아이들이나 가족들과 단란한 대화의 시간을 가질 수 있을까? 한 엄마는 "어린이집에 데려가는 길이 아이와 이야기하는 유일한 시간"이라고 말한다. 최근 어린이집에서는 연장보육을 하고 있어 밤늦게까지 아이를 맡아주는 곳도 있다. 부모의 사정으로 그렇게 되는 것은 어쩔 수 없겠

....

투쟁. 1955년 봄에 일본 노동조합총평의회(총평) 산하의 단위 산별노조들이 연대투쟁을 한 것을 계기로 하나의 전통이 됐다.

지만, 아이로서는 저녁이 되면 부모가 자기를 데리러 와서 함께 장을 봐 귀가하고, 식탁에 둘러앉아 단란한 시간을 즐기거나, 함께 목욕을 하기도 하고, 어린이집에서 배운 노래를 부를 수 있는 생활을 바라지 않을까?

한 초등학교 보건교사가 열이 높아 보건실에서 쉬고 있는 아이에게 "엄마한테 데리러 와달라고 연락하자"고 했더니, 그 아이는 "전화하지 마세요. 엄마가 회사를 조퇴하면 짤릴지도 모르고 받는 돈도 줄어들잖아요"라며 도리어 엄마를 걱정했다고 한다. 보건교사는 아직 저학년인 아이가 그렇게까지 가정형편을 걱정하는 게 안쓰러웠고, 오늘날의 힘든 사회현실을 절감했다고 한다.

한 아이가 아빠에게 했다는 말이 나는 여전히 잊히지 않는다. "아빠는 아침에 나가면 밤중까지 돌아오지 않아. 대화라고 하면 화내며 소리 지르거나 설교하는 것 정도? 그런 아빠는 차라리 없는 게 나아." 아이 아빠는 가족을 위해 밤늦게까지 열심히 일한다고 믿었던 터라, 아이의 말에 깜짝 놀라 충격을 받았지만 뭐라고 대꾸할 말도 떠오르지 않았다고 한다.

초장시간 노동을 강요하는 근무환경이라면, 이제 막 병에서 회복한 사람이나 임신한 사람, 항암 치료 중인 사람들이 계속해서 일할 수 있는 직장은 못 되지 않을까? 일하고 싶지만 건강 탓에 남들처럼 열심히 하지 못해 본의 아니게 그만둬야 하는 상황에 몰리고, 결국은 직장을 떠나야 하는 사람이 있다. 앞서 말한 「국민 춘투 백서」는

나는 사회인으로 산다 :·

연차휴가 완전취득을 통해 138만 명의 고용이 생긴다는 계산도 하고 있다.

: 일, 개인생활, 그리고 사회

인생의 시간은 유한하다. 그 가치를 소중히 하는 일에 사람들은 왜 이리도 권리의식을 갖지 않는 걸까, 왜 싸우지 않는 걸까? 질 높은 노동과 초장시간 노동은 양립하지 않는다.

　노동은 인간에게 본원적인 의미를 갖고 있지만, 그것은 어디까지나 자기 인생의 일부이다. 인간은 더 잘 살기 위해 노동하는 것이지, 노동하기 위해서만 살아가는 것은 아니다. 단 한 번뿐인 인생을 어떻게 살고 싶은가는 사람들 각자의 마음속에 있을 터! 돈은 주고받을 수 있지만, 인생의 시간은 주고받을 수 없는 자기만의 것이다. 그 시간을 어떻게 쓸 것인가는 오직 자신에게 달려 있다. 그것이 인생이고, 그 사용방식에 따라서 삶이 달라진다. 인간은 개인인 동시에 사회인이다. 그렇다면 개인의 시간과 동시에 사회인에 걸맞은 시간 사용법도 필요할 것이다.

　지금은 한가하게 그런 이상적인 말을 하고 있을 시대가 아니라고 할지도 모르겠다. 그렇지만 학교를 졸업하고 사회에 들어왔을 때 보람 있고 의욕에 넘쳐 일할 수 있다는 꿈이 없다면 사회인이 되는 기쁨도 없지 않을까? 내가 대학을 졸업하던 시절에는 드디어 사회인이 된다는 기쁨으로, 꿈과 희망이 가득했다. 일하는 것에 그리고 독립적인 생활에 대한 기대가 있었다.

나는 제자들의 동창회에 초대받을 때마다 묻는다. 졸업해서 어떤 책을 읽었고, 어떤 경험을 쌓았는지를. 회사 이외에 지역사회나 가족과 어떤 시간을 보내고 있는지를. 회사를 위해서만이 아니라 지역과 가정을 위해서도 일하면서 생활 속에서 온몸을 쓰지 않으면 인간의 몸은 사용하지 않는 부분의 기능이 쇠퇴한다. 인간은 머리로 생각할 뿐만 아니라, 손으로 발로 피부로 혀로 귀로도 느끼고 생각한다. 그중 어느 한 곳이 쇠퇴해 기능부전에 빠지면 판단력이 떨어지고, 사회에서는 도저히 받아들여질 수 없는 행위인데도 회사 내에서는 당연하고 대견한 행위라고 착각할지도 모른다. 사회에는 온갖 일들이 벌어지지만, 사회와 자신을 연결 짓지 못하면 우물 안 개구리에 지나지 않는다. 사회적 책임과 자기책임은 표리일체이기 때문이다.

인간이 몸으로 알아낸 것은 단지 지식으로 알게 된 것과는 질적으로 다른 결과를 가져온다. 말과 숫자로는 알 수 없는 것을 우리는 몸 전체의 경험으로 안다. 그때 비로소 진실에 다가설 수 있는 것이다. 정치를 움직이기 위해서도, 복지사회 실현에 힘을 보태기 위해서도, 자연을 지키기 위해서도 스스로 판단하고 행동할 수 있는 자신만의 시간이 필요하다. 지식과 행동은 한데 얽힌 그물망처럼 되어야 비로소 확실한 자기 것이 된다. 일과 개인생활과 사회라는 세 영역에서 균형 잡힌 경험을 하지 못하면 건실하고 매력적인 사회인이 될 수 없다. 개인과 사회(그리고 자연)의 관계는 앞으로 더 큰 의미를 갖게 될 것이다.

휴가는 한쪽으로 치우친 전문성만이 아니라, 사회인으로서의 자기 자신을 키우고 전체성을 갖춘 인간으로 살아가기 위해서 있는 것이다. 사회인으로서 시민들이 서로에게 응답하면서 살아가는 것이 보람 있는 인생이다. 우리는 살아가는 목적을 사회 속에서 배우기 때문이다.

: 미래에 희망을 가질 수 있을까

막상 여기까지 써놓고 보니 몹시 석연찮은 기분이 든다. 왜냐하면 1990년대 이후에 일하기 시작한 많은 청년들은 일하는 것의 의미와 기쁨을 알 기회가 적었던 게 아닐까 하는 생각이 들어서다.

그만큼 노동조건이 악화되고 있다. 노동자 파견법은 1985년에 제정되었다. 당시는 소프트웨어 개발, 비서, 번역, 통역, 속기 등 소위 허용목록[positive list]이라 불린 13개 업종만이 파견 대상으로 인정되었지만, 점차 파견처가 완화·확대되어 1999년 법 개정으로 금지목록[negative list]에 적시된 업종을 제외하고는 원칙적으로 자유화되었으며, 2003년에는 제조업 현장에 대한 파견 금지가 해제되었다. 그럼으로써 기능을 습득하지 못하고 일해본 경험도 없는, 단순작업을 반복하는 노동자를 제조업 현장에 파견할 수 있게 되었다. 그로 인해 위장 하도급, 일용직 파견, 등록 파견* 등의 불법 파견이 횡행한다. 이런 와중에 일하게 된 청년들은 노동에 대하여 부정적인 경험만을 많이 하지 않았을까? 노동시간이니 일의 의미니 하는 말을 들어도 이들에게는 그저 그림의 떡에 불과하니, 반발이나 허무감만을 강하게 느끼지 않을까?

전쟁이 끝나고 한동안 실업자가 많았던 시대에도 사외공社外工이나 기간공期間工은 있었다. 물론 일꾼을 수배해서 건설현장에 보내는 사람도 있었다. 그러나 지금만큼 앞길이 캄캄한 분위기로 사회 전체가 뒤덮이지는 않았던 것 같다. 그 시절은 사회보장도 발달하지 못했다. 그런데도 사회가 이 정도로 암담하게 느껴지지 않았던 건 어째서일까? 여전히 생활필수품이 부족해서 만들면 팔리는 시대였기 때문일까? 의무교육만 마치고 일하기 시작하는 노동자가 많았기 때문일까? 사회 전체가 궁핍해서 오늘날만큼 격차가 뚜렷하지 않았기 때문일까? 가난하기는 했지만 이에家 제도**가 아직 기능하고 있었기

....

* "노동자 파견 형태 중 하나. 파견노동을 희망하는 노동자가 미리 파견회사에 등록해두고, 파견처가 결정된 시점에서 일정 기간을 정해 고용된다. 파견기간이 끝나면 고용관계도 종료된다. 임금은 파견취업 기간에만 지불된다. 등록형 파견을 하는 회사는 후생노동성의 사업허가를 받아야 한다." (kotobank.jp)

** "이에 제도(家制度)란 메이지(明治) 민법에 채용된 가족 제도를 말한다. 호주(戶主)를 중심으로 그와 가까운 친족관계가 있는 사람들을 가족(家族)으로 한 집(一家, 일가)에 속하게 하고, 호주에게 가족에 대한 부양의무와 통솔권한을 부여한 제도이다. 우리나라의 '호주제'

나는 사회인으로 산다 ∴

때문일까? 모두 해당되겠지만, 굳이 말하자면, 전쟁만큼 절망적인 것은 없고, 전쟁만 없다면 궁핍하더라도 살아갈 희망이 있었기 때문이지 않았을까 싶다.

전후戰後에는 노동조합이 아직은 강했고, 일본 사회에 대항 세력과 사상이 있었던 것도 도움이 되었다. 사회 사조思潮도 자유주의 시장경제만이 아니라 협동조합주의와 사회주의라는 또 다른 편의 사상이 있었기 때문에 가난한 노동자는 거기에 기대를 걸었고, 승자와 패자로 갈려 영원히 패자에서 탈출할 수 없을 만큼 절망하지는 않았다. 빈곤의 원인은 본인에게만 있는 것이 아니라, 해결능력이 없는 정치와 사회에 있었다. 미래는 지금 이대로가 아닐 것이며, 자식들의 시대는 훨씬 더 좋아질 거라는 희망이 있었다. 농민은 지주제에서 해방되어 자기 소유가 된 토지를 경작하고, 노동조합은 합법화되어 사용자와 대등하게 주장을 펼칠 수 있는 조건이 마련되었다. 여성과 아동은 이에 제도에서 해방되었다. 비록 가난하더라도 해방되었다는 자유가 있기에 머잖아 살기 좋은 사회가 오리라는 믿음이 있었다.

오늘날 미래에 희망이 있다고 생각하는 사람은 과연 얼마나 될까? '희망으로서의 어린이'라는 말이 있다. 아이들이 활기차게 미래에 희망을 품고 지낼 수 있다면, 부모도 어른들도 미래에 희망을 가

....

는 일제 강점기에 이에 제도가 이식된 것으로, 2008년 1월에 폐지되었다." (위키피디아 한국)

질 수 있다는 의미다.

사회가 자유주의 시장경제라는 강력한 가치기준으로 움직이고, 그 가치기준에 맞지 않는 자들은 배제되어 설 자리가 없고 빈곤에 허덕이는 것이 현재의 모습이다. 그 가치기준이란 개인에게 자기책임을 강제하는 가치관으로, 경쟁을 통한 승패가 유일한 기준이 되는 사회다. 그럼에도 그 유일한 가치기준은 미래를 열어젖힐 전망을 갖고 있지 않다. 사회의 밑바탕을 이루는 사상이 자유롭고 다양하지 않으면, 전체성으로 살아가는 인간으로서는 숨 막히고 구원이 없는 세상이 된다.

사회가 정체상태에 빠졌을 때, 다양한 사고방식이 없으면 사회를 재건할 수 없다. 예를 들어 시종일관 민족주의 하나로 전쟁을 벌이는 사회는 거기서 조금만 벗어나도 비＃국민이 되고, 그런 비국민을 국민들이 서로 감시하는 어두운 사회였다. 또 다른 사회의 모습을 제시하는 사람이 없었기 때문에 사회는 밑바닥까지 떨어졌다. 지금도 그와 비슷한 것을 느낀다.

금융자본은 지속가능한 투자처를 잃고, 합리적 근거도 없는 투자로 손실을 내며, 채무의 연쇄로 사회를 파산시켰다. 더러는 이익을 올리더라도 그것이 고용이나 임금으로 사회에 환원되지 않는다. 또한 개인도 시장경쟁사회에서는 자기 이익만을 지표로 삼아 행동하기 때문에 사회의 미래와 타자에 대한 배려를 잊어버린다.

수돗물에서 방사성 물질이 검출되었다는 말을 듣고 사람들이 앞다퉈 생수병을 사재기해서, 어느 날 슈퍼에서 생수병이 자취를 감추고 진열대가 텅 빈 적이 있다. 그때 나는 이웃이나 지인에게 "생수병 좀 나눠달라"고 말할 수 있을지 생각해봤다. 오즈 야스지로小津安二郎의 영화 〈도쿄 이야기〉(1953)에, 죽은 남편의 부모가 하라 세츠코原節子가 연기하는 며느리의 아파트를 찾아오는 장면이 있다. 그녀는 옆집에 사는 여성에게 "술 좀 빌려달라"고 부탁해서 시아버지를 대접한다. 옛날에는 그런 일이 자주 있었다. 지금은 과연 "물 좀 나눠달라"고 말할 수 있을까? 아마도 하지 못할 것이다.

노숙인이 된 청년

요즘은 노숙인 중에 20대나 30대 젊은이가 눈에 띈다. 빅이슈*기금이 2010년 12월에 발행한 「청년 노숙인 백서」에는 그들이 어떻게 해서 노숙인이 되었는지, 그 인생의 내력을 인터뷰한 조사결과가 실렸다. 그리고 사회적인 대책 몇 가지를 제안했다. 그 면접조사에 등장한 어느 청년이고 모두 평범한 젊은이였다. 만약 사회가 1980년대 같았다면, 어딘가에 일터가 있고 소박한 가정을 꾸릴 수 있는 사

---

* The Big Issue. 노숙인의 자립을 돕기 위해 1991년 영국의 존 버드와 고든 로딕이 창간한 잡지이다. 잡지 판매대금의 절반 이상이 노숙인 출신의 판매사원(빅판)에게 돌아간다. 2010년 기준 호주, 일본, 케냐 등 전 세계 38개국에서 판매되고 있으며,《빅이슈》한국판은 2010년 7월 5일 창간됐다. 유명인의 재능기부로 화제가 되기도 했다.

람이었을 것이다.

이 백서는 사회인이 되어야 마땅할 청년들이 어째서 사회인이 될 수 없는지를 단적으로 보여주고 있어 그 내용을 간략히 소개하고자 한다.

빅이슈 기금이 노숙인의 청년화에 생각이 미친 것은 2007년 3월이었다고 한다. 노숙인들이 길모퉁이에서 판매하는 잡지《빅이슈》일본판의 판매인이 되고 싶다고 신청한 13명 중 7명이 40세 이하의 젊은이였다.

그 해 여름부터 가을에 걸쳐 후생노동성이 조사한 PC방 난민*은 약 5천 4백 명으로 추산되어, 길거리에 보이지 않는 노숙인도 많다는 것을 알 수 있었다. 그밖에도 은둔형 외톨이 70만 명(2010년 내각부 조사), 니트족 3만 명, 프리터 187만 명(2009년, 모두 노동력 조사), 전부 합해 311만 명이나 되는 젊은이가 그 배후에 있다는 것도 조사를 통해 알려졌다. 그 실태를 규명하기 위해 2008년 11월부터 2년간에 걸쳐 약 50명의 40세 이하 청년 노숙인에 대한 면접조사가 결정되었고, 그 결과를 정리한 것이 이「청년 노숙인 백서」다. 조사 결과를 보면,

....

*   잘 곳이 없어 밤마다 PC방을 전전하는 사람들을 일본에서는 '넷카페(ネットカフェ) 난민'이라고 부른다.

　　　　　　　　　　　　　　　　　　나는 사회인으로 산다 ∴

- 사회를 짊어질 청년들이 경험을 쌓고 활동할 수 있는 장을 빼앗기고, 그럼으로써 사회의 지속성도 상실되고 있다.
- 빈곤문제가 청년들과 아동들에게까지 연쇄적으로 확산되고 있다.
- 청년들을 길 위에 방치하는 것은 사회 자체의 해결능력 저하이며, 그럼으로써 민심을 극도의 불안에 빠뜨린다.

이 같은 세 가지 사항이 문제점으로 거론되었다.

이 젊은이들은 길거리에서만 사는 게 아니다. 창고 작업 같은 날품팔이 작업이라도 하게 되면 PC방 등에 묵으며 일하러 다니거나, 노무자 합숙소와 길거리 생활을 반복하는 사람도 있다. PC방, 만화방, 패스트푸드점, 편의점과 길거리를 왔다 갔다 하는 사람들이 대부분이다.

청년 노숙인은 거리에서도 혼자 있기를 원하는 사람이 많다. 하지만 길거리에서 자는 게 무서워 밤새도록 걸어 다니다 탈진해 도로에 쓰러져서 구급차에 실려 간 사람도 있다.

이들 중 우울증 경향이 있는 사람이 40%. 자살을 생각한 사람이나 침울해하는 사람 등 고독 속에서 장래에 대한 전망을 열어갈 수 없는 것이 우울증을 부르는 원인이 되고 있다. 그들은 의지할 수 있는 사람이나 고민을 이야기할 동료가 없다. 집을 나오면서 과거의 인간관계가 끊겨버렸기 때문이다.

나는 독일과 영국에서 상담원이나 카운슬링을 해주는 사람이 많은 것을 보고 놀란 경험이 있다. 온통 상담원이라고 해도 좋을 정도다. 공항에서 조금만 허둥대면 금세 말을 걸어온다. 영국 히드로 공항에서도 상담원이 내게 말을 걸며, 꼬마아이가 앉아 있는 대합실 의자 옆에 앉아 있어 달라고 했다. 그 아이는 여섯 살 정도 돼 보였는데, 마침 나와 같이 스위스 취리히까지 가니, 기내에서도 아이 곁에 있어 달라고 했다. 게다가 게임기를 건네주며 기내에서 이걸로 놀게 해달라는 부탁을 받았다.

동네에서도 대학생들이 변호사나 사회복지사, 카운슬러, 간호사, 의사 등의 상담원과 한데 어울려 상담 업무를 돕고 있다. 독일 동부의 한 마을에서는 추위가 매서워질 것 같은 저녁이면, 노란색 띠를 두르고 마을을 살피러 다니는 대학생이 노숙인에게 한밤중의 기온을 알려주고, 비어 있는 간이숙소의 위치를 일러주면서 이야기를 들어주는 역할을 하기도 한다.

공공상담실이 코앞에 있는데도 바로 근처에 민간 NPO법인이 운영하는 상담실이 있는 것이 이상해서 까닭을 물어보자 다음과 같은 설명을 해주었다. "공공상담소는 행정업무이기 때문에 행정의 입장에서 사회와 인간을 바라보는 경향이 있고, 정부에 제출할 보고서의 현실분석에도 편향이 있다. 때로는 불리한 조사결과를 숨기기도 한다. 그러니 상담을 받는 또 하나의 시민상담실이 있다면, 행정도 NPO를 의식해서 형식적인 일처리에 빠지지 않도록 신경을 쓸 것이고, 상담받고 싶은 사람도 NPO 쪽이 부담 없이 상담할 수 있다고 한다. NPO에서 받은 상담을 행정에 연계해주는 일도 우리 일이다." 이러한 NPO 활동가의 인건비와 사무실 경비 등은 공적 보조금으로 충당된다.

아무리 좋은 법률과 제도와 시설이 있어도 그것을 활용할 지식이 없다면, 그리고 지원을 요청할 용기가 없다면, 또 제도와 연계하도록 도와줄 사람이 없다면, 그 사람이 현실의 어려움에서 벗어나기란 쉽지 않다. 복지관련 법률은 자주 바뀌는 데다, 특히 일본의 복지 서비스 담당자는 인원부족 때문에, 담당 건수가 너무 많아서, 꼭 친절한 대응을 하는 사람만 있는 건 아니다. 생활보호를 신청하러 간 사람이 신청서조차 받아주지 않아서 빈궁 속에 죽어가는 사건이 종종 신문에 보도된다.

「청년 노숙인 백서」에도 "젊고 일할 수 있는 사람은 신청할 수 없다"며 거절당한 사례나, "신청이 수리되기 전에 직업이 없으면 안 된다"며 잘못된 사실을 전달받은 사례, "당신 가족을 조사하겠다"는 말을 듣고 신청할 용기가 꺾인 청년의 이야기가 적혀 있고, "젊은 사람이 혼자서 복지사무소에 찾아가 생활보호를 받을 수 있었던 사례는 매우 드물다"고 기록하고 있다. 그럴 경우 NPO 활동가가 함께 따라가서 조언을 해줘 겨우 생활보호를 받을 수 있었던 사례가 많았다. 사회적 지식이 부족해서 시설이나 법률을 자신의 어려움을 해결하는 데 어떻게 활용하면 좋을지 모르고, 그로 인해 복지행정이 기능하지 못하는 바람에 누군가가 모든 것이 자기 탓이라는 무력감 속에서 죽어가는 최악의 상황으로까지 치닫는다……. 인간관계가 없다는 것이 사람을 죽인다.

이들 중 많은 수가 사회와 관계 맺는 법을 교육 속에서 또는 가정에서 배우지 못했다. 또 자신의 의견을 조리 있게 설명하는 데 익숙하지 않아서 담당공무원을 이해시키지 못하고 살아갈 권리를 행사하지 못한다. 세상에는 별별 사람이 다 있기 때문에, 이들에게 손을 내밀어줄 이웃이나 상담원이 개인과 사회를 잇는 가교로서 꼭 필요하다.

이런 생각이 미칠 때마다 나는 일본의 교육이 가진 결점을 보곤한다. 청년들은 프리터가 되는 것도 자기책임이라며 자신을 탓하지만, 5장에서 보듯이, 자립하기 위해 필요한 시민교육이 없다는 것이 무엇보다 큰 문제다. 대체 국가의 교육은 사회인이 될 청년들에게 무엇을 주었다는 말인가. 상대방이 이해할 수 있도록 자기의견을 말하는 학습조차도 교육 속에서 중요시되지 않는다. 즉 의견표명권이 교육 속에서 길러지지 않는 것이다.

: 청년의 의욕을 잃게 만드는 사회 :

「청년 노숙인 백서」로 이야기를 돌리면, 이들 중 많은 청년들이 가난한 가정에서 자란 탓에 중졸이나 고교 중퇴 비율이 높다. 너무 가난해서 운전면허를 따지 못해 취직하지 못한 청년도 있다. 자유경쟁이라고는 하지만, 노숙인인 그들은 사회로 나아가는 출발선에서 이미 불리한 입장에 있는 것이다. 많은 사회조사는 빈곤이 세대를 넘어서 이어지고 있음을 경고한다.

예를 들어 오사카 부 사카이 시는 생활보호를 받은 모자^{母子}가정의 41%가 자식도 생활보호를 받고 있다는 조사결과를 보고했다. 빈곤이 세대를 넘어서 이어지고 있는 것이다. 어느 변호사는 생활보호를 받는 여성이 슈퍼에서 물건을 훔치다 체포되었을 때 국선변호를 맡았는데, 다음과 같은 걱정이 앞섰다고 한다. "생활 형편을 이유로 그녀가 석방되거나 집행유예를 받는 것은 어렵지 않다고 본다. 하지만 석방되더라도 그녀에게 보람 있는 생활 자체가 없다면 또다시 같은 일을 반복하지 않을까? 그녀에게는 살아갈 의미와 목적을 찾지 못하는 게 문제니까."

일반적으로 프리터나 실업자 생활을 계속하면 할수록 정규직 사원의 길은 멀어진다고 한다. 그런데 백서에 따르면, 실은 청년 노숙인의 80% 이상이 정규직 사원으로서 일했던 경험이 있다고 한다. 회사의 도산이나 구조조정, 파견 해지를 당한 사람 외에도 가혹한 노동으로 몸을 망가뜨린 사람, 기술을 익힐 기회 없이 몇 년이고 단순반복노동만 해와서 이대로 해고당하면 다음 번 직장을 찾을 수 없을 것이라는 생각에 이직을 결심했지만 좀처럼 직장을 구하지 못한 사람도 있었다.

2003년에 제조업에 대한 파견노동 금지가 풀리면서, 기능을 습득하지 못한 채 단순작업을 반복할 뿐인 청년이 조사대상의 절반이나 되었다. 그들 모두가 현재 상태를 벗어나고 싶지만 집을 나와서 주민등록이 없다, 보증인이 없다, 휴대전화가 없다, 밤늦게까지 일을 해야 되니 야간학교에 다니며 새로운 자격을 취득할 수도 없다 등등의 이유로 지금의 생활을 벗어날 수 없는 것이다. 야간학교에서 자격을 취득하고 싶다며 10만 엔이나 저금을 했지만, 그 대가로 몸이 망가져 결국은 학교에도 갈 수 없었다는 이야기를 당사자에게 들은 적이 있다.

이런 상태가 계속되면 차츰 취직할 기력을 잃어버리는 것도 당연한 결과가 아닐까? 가혹하고 장래의 전망도 없는 단순작업과 구조조정의 반복 속에서 노동이란 그저 쓰라린 경험일 뿐이고, 보람 따위는 느낄 수 없으며, 장래 희망도 없다. 이 같은 경험이 이윽고 트라우마가 되고, 일 자체에 대한 의욕마저 꺾여서 취직활동도 하지 않게 된다.

청년 노숙인의 인터뷰 내용은 차마 듣기 힘든 이야기뿐이다. 그 속에서 아무튼 그들은 필사적으로 살아가지 않으면 안 되는 것이다.

나는 사회인으로 산다 :·

한 청년은 그다지 풍족하지 않은 부모가 입학금 1백만 엔, 수업료도 월 10여만 엔을 대주어 공업계 고등학교를 졸업하고 한 전기제품 대기업에 취직했다. 월급의 절반을 집에 보냈지만, 입사 3년째인 1999년 구조조정을 당해 실업자가 되었다. 실업급여를 받으며 고용지원센터에 나가서 직장을 찾아봐도, 있는 것이라고는 비정규직 일자리뿐이다. 부모가 "정규직 사원으로 일해라. 아르바이트는 안 된다" 나무라는 통에 부모와 크게 다투고 집을 나왔다. 그는 비싼 수업료를 내면서 고등학교에 보내준 부모에게 줄곧 죄송한 마음을 갖고 있었으며, 만일 어딘가 정규직 사원이 될 수 있다면 과자 선물을 사들고 집에 돌아가서 차분하게 이야기하고 싶다고 했다. "최근에 서른 살이 되었습니다. 회사에 들어간 열여덟 살 시절에는, 이 무렵이면 결혼해서 아이를 둘 정도 두었을 거라고 생각했는데……. 하지만 지금은 이미 아득한 반대편에 와 있는 느낌이네요." 이런 소박한 인생조차 실현하게 해주지 못하는 사회라니…….

하나의 희망

그러나 「청년 노숙인 백서」의 사례와는 다른 길을 걷고 있는 사람도 있다. 실업 상태에서 좋은 상담자를 만나 사회보장 네트워크의 도움을 받고, 희망이 있는 제2의 인생을 내딛은 사람이다.

노숙인이 됐을지도 모른다는 S 씨는 다음과 같은 경험을 말해주었다.

S 씨는 후쿠시마 현 이와키 시 출신으로 39세의 독신. 아오모리 현의 공업대학 기계공학과를 나와 센다이 시에 있는 회사에 취직, 토목기계 유지보수와 공사현장에도 관여했다. 그 회사가 도산해서 다른 직장을 찾았지만 좀처럼 구해지지 않았다. 그러는 동안 실업급여가 끊겨 무작정 주택수리회사에 취직했다. 그런데 그 회사는 집집마다 찾아다니며 "흰개미가 나왔다"고 속여 억지로 흰개미퇴치계약을 맺는 곳이었다. 만약 계약을 따내지 못하면 사원을 때리고 걷어차는 폭행을 일삼는 소위 '블랙기업'이었다.

S 씨는 가방 하나 달랑 매고 도망쳤다. 그러고는 구인정보지를 뒤져 가와사키의 기숙사가 딸린 자동차공장 미쓰비시 후소三菱ふそう트럭·버스공장의 파견 종업원에 응모했다. 우선은 지바로 가라는 지시를 받고, 거기서 면접시험을 봤다. "○○회사 사원이라는 말은 절대로 하지 말라"며 단단히 입막음을 당했다. 오사카에 있는 파견회사에서 파견된 것처럼 꾸민 이중파견으로, 가와사키의 미쓰비시 후소에서 일하게 되었다. 4년 반 남짓 정규직과 같은 라인에서 똑같은 조립작업을 했지만, 정규직보다 연간 1백만 엔 이상이나 낮은 비정규직 임금에 보너스도 승급도 없었다. 2008년 11월, 느닷없이 12월 26일부로 업무가 끝나니 그 이틀 후인 28일까지 기숙사를 나가라는 통보를 받았다. 단 5분 동안 선 채로 나눈 이야기였다. S 씨는 몇 번의 단기계약 갱신 후 무기한 노동계약으로 전환되어 자기에게는 더

나는 사회인으로 산다 ∵

이상 파견해지란 없다고 믿었기에 눈앞이 캄캄해졌다.

S 씨는 TV에서 본 기억이 있던 수도권 청년유니언*에 전화상담을 했다. 그 결과 이중파견이 원래 위법인 데다, 파견 해지도 위법이라는 사실을 알게 되었다. 공부모임에도 참가하고 유니언에도 가입했다. 단체교섭이 결말이 나지 않을 경우 재판으로 다투겠다고 결심했다. S 씨와 동료들의 업무는 차체 운전석에 다양한 부품을 조립해 넣는 고도의 기술과 극도의 긴장을 요구하는 복잡한 작업으로, 일을 익히기까지 3개월이나 걸릴 정도로 난이도가 높았다. 작업환경은 여름에 40도까지 올라갈 만큼 고되었다.

정규직과 같은 라인에서 똑같은 업무를 하는데도 동료들과의 대화는 일절 없었고, 같은 유니폼을 입었기 때문에 누가 정규직인지 전혀 구분할 수 없었다고 한다. 점심시간 외의 휴게시간은 10분밖에 없어서 화장실 가는 게 고작. 너무도 고된 일이었기 때문에 몸이 망가져 몇 명이나 그만두었다. 정규직으로 해야 할 일을 임금이 싼 파견으로 충당했기 때문에, 파견노동자가 고되고 난이도 높은 노동을 배정받고 생활보장도 안 되는 일을 떠맡게 된 것이다. 하지만 그래도 살아가기 위해서는 계속 일이 있는 것만으로 파견노동자로서

....

* 　일본 '수도권 유니언'은 2000년 12월, 아르바이트 노동자, 파견사원, 프리터 등의 청년들이 중심이 되어 결성된 '노동조합'이다. 우리나라의 '청년유니온'은 2010년 3월 13일 창립되었으며, 수차례의 노조설립신고와 반려 끝에 2013년 4월 30일 노동부로부터 전국단위 노조로 인정받았다.

는 행운이었다.

S 씨의 일 처리는 우수해서 현장에서 단장으로 천거된 적도 있다. 일을 마치고 기숙사에 돌아오면 너무 피곤해서 그대로 잠든 날이 많았지만, 작업이 일찍 끝나는 날에는 장애아동을 돕는 자원봉사에도 참가해 바깥세상과 접촉할 수 있었던 것이 기뻤다고 한다.

파견 해지를 당했을 당시, 함께 파견 해지를 당한 동료들에게도 유니언에 상담을 받아보자고 권유했지만, 한 명을 제외한 다른 사람들은 일자리와 집을 알아보는 데만 급급해 사회적인 해결 따위는 생각조차 못했다. S 씨와 행동을 같이한 이가 단 한 사람 있었는데, 그와 둘이서 미쓰비시 후소와 파견회사를 상대로 단체교섭을 하게 되었다. 미쓰비시 후소는 S 씨와 직접 고용관계가 없다는 이유로 단체교섭을 받아들이지 않았다. 미쓰비시 후소 정문 앞에서 유니언 동료 30명가량이 이른 아침부터 함께 전단지를 돌리고 선전활동을 해주었을 때, S 씨는 비로소 동료에 대한 고마움을 알게 되었다. 그러나 정규직 사원은 물론, 단체교섭에도 가담하지 않고 구직에 혈안이 된 동료들은 그 전단지조차도 받지 않았다고 한다.

S 씨는 얼마간의 사회적 안목이 있었기 때문에 이러한 행동에 나섰지만, 시민사회 가운데에서도 비록 소규모이기는 해도 유니언처럼 S 씨를 지원하는 사회 조직이 자라났던 것이다. 미쓰비시 후소가 단체교섭에도 서면질의에도 응하지 않고, 그것을 시정해야 할 가나가와 노동국도 시정조치를 강구하지 않자 S 씨는 재판에 나설 결심

을 했다. 유니언이 파견회사와 교섭을 해주어 S 씨와 동료는 당장은 회사 기숙사에 살 수 있게 되었다. 그러는 동안 S 씨와 유일하게 함께 싸웠던 파견사원은 정규직 일자리를 찾아내고, 거기서 일하면서 재판을 계속했다. S 씨는 유니언에서 배운 대로 제2의 안전망인 기금훈련을 활용해 2년 동안 개호(노인요양)학교에 다녔다. 그러나 그 목적은 생활비를 벌기 위한 것이었다. 처음에는 노인을 돌보는 일이 선뜻 내키지 않았다. "과연 낯선 사람의 기저귀를 가는 일을 할 수 있을까?" "남자가 할 일이 아니다"라고 생각했기 때문이다.

그런데 강의를 들으며 공부하다보니 점점 그 일의 의의를 알게 되었고, "나도 할 수 있을지 몰라. 아니, 하고 싶다"라는 새로운 목표를 발견하게 되었다. 실습을 마치고 열심히 자격취득 공부를 해서 지금은 노인요양기관에 취업해 누군가를 돕는 보람 있는 일을 하고 있다. 직업훈련을 받을 때, 인권에 관한 심포지엄에 가보고 싶다며 직업훈련학교 담임과 상의했더니, 담임이 "열심히 듣고 오라"고 격려했다고 한다. 그는 내가 쓴 책 『풍요의 조건』을 샀다며 기쁜 듯이 말했다. 그 이야기를 들었을 때 나 역시 무척이나 기쁜 마음이 들었다.

유니언에는 고문 변호사들이 있는데, 그들은 무급으로 봉사하면서 거꾸로 연회비 6천 엔을 유니언에 낸다고 한다. 이것이 황당한 일이기만 할까? 하지만 어떤 변호사들은 그 활동의 사회적 의의를 깨닫고 대가없이 일을 맡아주고 있을 것이다. '사람은 명예나 이익

을 위해서가 아니라, 자기를 알아주는 사람의 따듯한 마음씨에 감동하여 일을 떠맡는다^{人生意気に感す}'는 옛말 그대로인 것이다.

S 씨의 재판 결과는 현직 복귀 판결이 내려지지는 않았지만, 평소의 판례보다도 훨씬 유리한 배상금이 지불되었다고 한다.

⋮ 무엇이 길을 갈라놓았을까 ⋮

장래 희망도 없이 단기간 저임금 비정규직을 전전하는 사람과 노숙인이 돼버린 사람, 그리고 S 씨. 이들은 무엇이 계기가 되어 서로 다른 길을 걷게 되었을까?

백서에 나오는 청년들과 달리 S 씨는 대학을 나왔다는 점을 들 수 있을 것이다. 하지만 대학을 나와도 그 지역에서 사람을 구하지 않으면 안정적인 취업에 별로 도움이 되지 않는다. S 씨가 대학을 졸업한 아오모리는 전국에서도 구인이 가장 적은 곳이다. 요즘은 대졸자인데도 노숙인이 된 사람도 있다. 대학을 갓 졸업했을 때는 정규직으로 채용된 사람도 이윽고 구조조정이나 회사의 도산, 공장이전으로 직장을 잃게 되고, 다음으로 찾은 직장 대부분이 비정규직이다. 고졸자의 절반이 대학에 진학하는 오늘날 대졸이라는 학력은, 학부의 차이도 있겠지만, 직업 보장이 되지는 못한다. 학생들도 그 사실을 알기 때문에 대기업을 목표로 필사적인 취업활동을 한다. 중소기업은 구조조정이나 도산의 위험이 높다고 보기 때문일 것이다.

그렇게 생각하면, S 씨의 학력은 블랙기업 취업이나 이중파견을 보더라도 그다지 중요한 역할을 한 것 같지 않다. 오히려 S 씨가 파견 해지에 따른 실업 상태를 "내 인생은 고작 이런 거야"라고 체념하지 않고, 또 오로지 개인적인 구직활동만으로 문제를 해결하려 하지 않고 사회적인 해결책을 찾았던 것이 그의 인생을 개척한 것으로 보인다. 그렇지 않았다면 훨씬 더 나쁜 조건에서 일하게 되었을지도 모른다.

S 씨는 성실히 일하는데도 실업을 감수해야 하는 원인이 사회에 있다고 생각했고, 그 후 사회적인 해결책을 찾기 위해 유니언과 변호사에게 도움을 구했다. 다시 말해 그는 사회인으로서의 해결방법을 알고 있었다. 평소에 신문과 TV를 통해 사회적인 사건에 관심을 갖고 있었기 때문에, 유니언의 존재도 기억에 담아둔 것이다.

본래는 S 씨가 졸업한 대학에서 전문기술과 지식만을 가르칠 것이 아니라 근로기준법이나 불법파견에 대한 시민교육을 했어야 했다. 그것은 사회인으로서 출발하는 졸업생에게 가장 중요한 수업이었을 것이다. S 씨는 개인적으로 갖고 있던 지식을 동원해 파견 해지를 부당한 처사로 받아들이고, 유니언 상담창구로 자기 문제를 가져가 자신을 도와줄 사람들과 만나 재판을 통해 그 위법성을 다툰 것이다.

궁지에 몰려 무작정 일자리를 찾지 말고 장래성 있는 직업에 필요한 새로운 기술을 몸에 익히라는 가르침을 받고, S 씨는 기금훈련이라는 제2의 안전망을 활용해 새로운 기술을 배우기 시작했다. 무슨 일이든 개인적으로 떠안지 않고 사회적인 해결방법을 찾으면 다양한 사람들과 만나 도움을 얻게 된다. 조건만 맞으면 된다며 고용지원센터에서 컴퓨터를 두드려 기계적으로 직업을 찾는 것이 아니라, 인생에서 노동의 의미를 생각하게 해준 사람들과 만남으로써 또하나의 길이 열렸다고 본다.

　사람은 그저 임금만으로 일하는 것이 아니다. 물론 생활이 유지되지 않으면 살아갈 수 없기 때문에 생활을 보장할 만큼의 임금이 지불되어야 하지만, 거기서 인생의 의미를 발견하고 자신의 인간적인 성장과 동료와 연대하는 기쁨을 찾아내어 고립되지 않는 인생을 살아가는 것이 중요하다. 사회인이란 그런 인생을 살아가는 사람들이다.

： 함께 일하는 동료라는 것의 이점

미쓰비시 후소와는 전혀 다른 인간적인 직장도 있다. 2011년 5월 25일《마이니치신문》(히로시마판)은 히로시마전철広島電鉄이 노사합의를 통해 3백 명의 비정규직을 정규직으로 전환했다는 기사를 실었다. 요약해보면, 그곳에서는 2009년 10월에 비정규 노동자의 정규직화를 실현하고 나서 안정적으로 일할 수 있는 환경이 조성되었다. 1천 2백 명의 정규직 중 3백 명의 임금은 종전보다 내려갔지만, 10

년간의 격변완화조치를 취하고 60세인 정년을 65세까지 끌어올림
으로써 고통을 완화했다.

　노동조합 사람들에게 직접 이야기를 들어보니, 정규직이 된 사람
들은 일하고자 하는 동기가 높아지고 불안감이 사라져서 사고가 줄
고 서비스가 향상되었다. 또 안심하고 결혼해서 집을 장만하는 등
생활을 위해 꼭 필요했던 '진짜 수요'도, 이제까지는 비정규직이어
서 충족할 수 없었지만, 정규직이 되면서 기본적인 인간다운 욕망을
실현할 수 있었다. 회사는 정규직화를 위해 3억 5천만 엔을 내놨다
고 한다.

　임금이 내려가는 데 불만을 가진 정규직도 있었지만, 만약 비정규
계약직이 절반을 넘으면 그때는 정규직의 노동조건도 지킬 수 없게
된다는 필연성을 노조위원들이 끈질기게 설명하여 이해를 구할 수
있었다고 한다.

　이 노동조합에서는 노동자의 권리와 의무에 대하여 조합 차원에
서 철저하게 학습한다. 시간외근무 신고나 유급 연차휴가를 100%
취득하는 반면, 금전상의 부정이나 음주 등에 대해서 노동조합은 절
대로 옹호하지 않는다. 노조위원장은 일하는 것의 의미를 다음과 같
이 말한다.

　"인간은 일을 해야 한다. 그것도 즐겁게 일해야 한다. 모두가 왁자
지껄 즐겁게 일하고, 또 집에 돌아가면 가족과 단란한 시간을 보내
는 그런 직장을 만들고 싶다. 그렇다고 한다면 인간이 살아가는 데

일한다는 것이 갖는 의미는 매우 크다고 생각한다." 노동 현장에서 태어난, 참으로 깊은 뜻이 담긴 말이 아닌가.

히로시마전철 노조 사람들에게 "여러분은 어떻게 해서 비정규직으로 일하는 사람들을 자신들과 똑같은 인간으로 느끼고 동료의식을 가질 수 있었나요? 다른 노조에서는 좀처럼 거기까지는 못 가던데요"라고 물었더니 이런 답변이 돌아왔다. "비정규직들도 같은 동네에 사는 낯익은 사람들이다. 똑같은 일을 하는데 어떻게 우리만 특권을 누리고 비정규직에 대한 차별을 못 본 체 할 수 있겠나?" 그러면서 이런 말을 덧붙였다. "비정규직 동료들을 내버려두면 언젠가는 우리도 비정규직과 똑같이 노동조건이 저하될 것은 뻔하다. 타인의 불행은 나의 불행이다."

파견노동자가, 배정받은 임시 숙소에 살다가 계약기간이 지나면 또 다른 지역의 공장 기숙사로 옮겨가는 날품팔이 노동자처럼, 지역에 뿌리를 내린 사회인이 아니라는 사실이 그들을 인간이 아닌 부품이나 원료 취급을 받게 한다. 새삼 나는 그런 생각을 하게 해준 조합원의 통찰에 탄복했다. 사회 속의 인간, 사회인이라는 것이 인권의 뿌리가 된다는 것을 통감한다.

기업 입장에서 보면 정규직을 비정규직으로 바꾸고, 채 5분도 안 되는 시간에 단 몇 마디 말로 그 자리에서 해고할 수 있다면 비용을 줄이고 이윤을 올리는 최적의 방법일 것이다. 그러나 기업에 이익인 것이 사회 전체로 보면 그 뿌리를 뒤흔드는 손실이 된다. 히로시마

전철에서는 사회의 이익과 기업의 이익을 연결했다. 그럼으로써 기업과 노동자와 사회 모두에게 유익한 해결책을 찾을 수 있었다.

4장

격차사회에 산다는 것

⋮ 격차사회와 사회인　　　　　　　　　　　　　　⋮

인간은 개인인 동시에 사회인으로 태어나, 언어와 노동을 통해 사회적으로 긴밀한 관계를 맺는다.

　그러나 지금, 사회인으로서의 의식을 방해하는 커다란 벽이 가로놓여 있다. 그중 하나가 사람들을 의식 면에서도 생활 면에서도 사회적으로 분리해버리는 격차와 차별의 벽이다. 뒤에서 열거할 몇 가지 자료를 보면 알 수 있겠지만, 예컨대 정규직·비정규직 노동자 사이의 벽이나 생활격차, 교육격차도 그중 하나일 것이다.

　동시대를 살아가는 우리는 이러한 격차사회 속에서 상호관계도 상호이동도 없는 별개의 사회로 분열되어 생활하고 있다. 그렇게 되면 민주적인 합의를 통해 결정해야 할 사회제도를 일부 우위에 선 자들이 결정해버리게 될지도 모른다. 어쩌면 분열된 사회는 서로 반목하고 배척하는 적대관계에 서게 될지도 모른다. 더러는 그 불만이 포퓰리즘^{populism}이 되어 폭주하는 경우도 있을 것이다.

그때 사회인은 그 격차나 차별을 어떻게 생각하고 어떤 태도를 취하며 대처해가야 하는가? 그것은 사회인으로서의 자질에 관계된 중대한 문제다.

어떤 사람은 경험과 지식에 근거해 상상력을 발휘하여 다른 사회에서 생활하는 사람의 입장을 이해하려 할 것이고, 어떤 사람은 직감과도 같은 동정심에서 손을 내밀고자 할 것이다. 자기도 건강을 잃으면, 사고나 재해를 당하면, 혹은 빈곤에 빠지면 어떻게 될지 상상하고, "내일이면 내게도 닥칠 일"이라 생각하는 사람도 있을 것이다. 또는 불행한 생활에서 벗어날 수 없는 사람들이 있는 이 사회를 바꿔야 한다고 생각하는 사람이 있을지도 모르겠다. 만약에 사회적 관습이나 교육 속에서 끊임없이 타인에 대한 관심을 길러주는 사회라면, 비록 경험이 없더라도 타자의 세계를 상상하는 능력이 그렇지 못한 사회보다 훨씬 클 것이다. 나는 할머니께서 늘 "돈을 나눠주지는 못하더라도 배려는 할 수 있잖아"라고 하시던 말씀을 그리운 마음으로 떠올려본다.

그렇지만 나와는 상관없다는 듯 타인을 안중에 두지 않는(또는 생각이 미치지 않는) 사람도 실제로 있다. 그런 사람은 무관심이 민주주의사회를 무너뜨리는 한 요인이라는 점을 생각해야 할 것이다.

대기업에서 일하는 정규직 사원과 중역이, 어쩌면 자기가 받은 상여금의 일부는 보너스도 안정된 고용도 없는 저임금 비정규직의 노동에서 나온 것일지 모른다고 느끼는 것은 정신적으로 즐거운 일이 아니다. 무관심이란 사고력도 상상력도 미뤄둔 채 안락함을 찾는 일종의 자기방어일지 모른다. 그러나 그것이 과연 사회인에 걸맞은 감정과 사고방식일까?

민주주의를 어떻게 이해하는지는 제각각이라 하더라도, 민주주의가 아닌 사회가 좋다는 사람은 별로 없을 것이다. 민주주의사회의 결점을 지적하는 사람도, 혹은 이리저리 따져보니 그래도 민주주의사회가 낫다고 긍정하는 사람도, 인간이 역사적으로 도달해서 얻어낸 민주주의사회를 더 좋게 발전시키고자 한다. 그것은 민주주의사회가 개인의 인권과 자기결정권을 중시하고, 우리 스스로 사회를 개선할 수 있게 해주기 때문이다.

그렇다고 한다면 민주주의사회에 사는 우리는 가능한 한 격차와 차별을 없애서, 모든 사람들이 저마다 살고 싶은 인생을 실현할 수 있도록 사회적 기반을 정비하고 인권의 평등을 위한 노력을 거듭해야 한다는 것을 받아들여야 한다.

사회적 기반이란 평등한 시민의 한 사람으로서 정치·사회에 참여할 수 있게 하는 전제조건인 교육제도와 생활을 보장하는 각종 사회보장제도이고, 주민회관·도서관·박물관·스포츠시설·공원과 공영주택·어린이집·학교·고용지원센터와 상담시설 등의 사회자본·공공서비스다. 그와 더불어 시민들의 자발적인 상호부조 활동도 중요한 역할을 한다. 현재 세금과 보험료로 제공되는 공공서비스는, 예전 같았으면 도로 하나를 내는 데도 노동 자체를 제공하는 공동작업에 의해 이루어졌다. 다시 말해 눈에 보이는 형태로 사회적인 연대가 이루어졌다. 그래서 인간사회에 필요한 것은 다툼보다도 사회적 협력이라는 것을 알고 있었다. 지금은 세금을 내기만 할 뿐, 협력과 공동의 세계는 보이지 않는다.

그리고 사람들은 이윤을 위해서라면 격차를 확대하여 분열된 차별사회가 재생산되더라도 개의치 않도록 의식적으로 익숙해진 것도 같다. 사람들은 개인적인 행복에는 관심을 갖고, 자기 생활이 조금이라도 나아지는 일에는 노력을 하지만, 사회가 개선되는 것에는 무관심한 듯 보인다.

이런 사회에서 사회인의 판단력과 행동력은 과연 경쟁사회의 결함을 시정하고 사람들에게 사는 보람을 안겨줄 인생의 희망을 되살릴 수 있을까?

분열된 사회를 내버려두면 커다란 폐해가 생긴다. 분열을 역이용해서 자기 세력의 확대를 꾀하는 권력자도 있고, 합의보다도 힘으로 다른 의견을 억누르는 결정이 옳다고 믿게 만드는 정치가도 나온다. 그리고 사람들은 그런 일을 어쩔 수 없다며 무기력하게 체념해버리거나, 스스로 하나하나 쌓아올리는 것이 귀찮다는 이유로 있을 수 없는 영웅이나 리더십이 나오기를 기다려 전부 맡겨버리기도 한다.

선진국에서도 일정한 지역에 모여 사는 난민이나 이민자들이 빈곤과 저학력, 높은 실업률, 낮은 언어수준 등으로 인해 사회에 녹아들 수 없는 상태를 만드는 경우가 있다. 이민자 사회의 빈곤이 다음 세대 아이들에게도 이어져서 사회 밑바닥에 빈곤과 실업으로 오래 머물게 되면, 그들도 인간인 한, 어딘가에 불만이 쌓이게 되고 범죄나 폭동이 일어나 사회불안을 유발하는 경우도 부정할 수 없다. 사회 전체적으로도 차별사회의 존재는 사회통합을 해치므로 결코 유쾌한 일이 아니다. 차별하는 쪽도 스스로를 폄훼하기 때문이다. 빈곤을 방치하는 사회는 각박해서 숨이 막히고, 경계심에 가득 차서 결코 살기 좋은 일상이라고는 말할 수 없다. 사회인으로서의 보편적인 인권의식이 상실되는 두려움도 있다.

분열된 사회의 한쪽에서 빈곤이 재생산되면, 인권이라는 보편적인 가치관마저도 그럴듯한 구실을 달아 무시해버리고, 대등한 인간들 사이의 합의로 사회기반을 개선해가는 노력도 무시된다. 범죄가 늘어나면 치안을 유지하기 위해 강한 경찰력이 필요해져 권력남용 사회로 이어질지도 모른다.

지금 우리 사회에서 격차를 보여주는 지표는 일일이 셀 수 없을 정도다. 그 격차가 건강하고 문화적인 생활을 불가능하게 하고, 사람들을 빈곤에서 벗어날 수 없게 한다면 결코 용서할 수 없는 일이다.

: 확산되는 격차와 빈곤

글로벌 경제 하에서 국민생활과 대기업의 이익이 자주 상반된다는 것을, 이제 국민들도 눈치 채게 되었다.

기업의 이익이 올라가면 그 이윤이 노동자에게도 흘러가 임금이나 상여금이 되고 국민생활도 풍요해지는 상승곡선을 그린다는 것도 다 옛날이야기다. 그 말이 더 이상 들어맞지 않게 되었는데도, 정부는 여전히 국제경쟁에서 이기기 위해서라는 이유를 대며, 특히 대기업에게 극진한 보호를 계속하고 있다.

힘없는 개인에게 자기책임을 강조하고 구제해야 할 사람들조차 외면하면서, 다른 한편으로 법인세는 인하하고, 기업의 인건비를 낮추기 위해, 앞장에서 본 것처럼, 비정규 노동의 범위를 법적으로 확대, 제조업 파견노동을 허용했다.

대기업이 이익을 올리더라도, 그 이윤은 내부유보라고 해서 기업 내에 축적되어 자본구성 강화에 쓰일 뿐, 설비투자나 노동자 임금 상승에 사용되는 일은 거의 없다. 재무성 「법인기업 통계연보」에 따르면, 2010년 9월 금융보험업을 제외한 자본금 10억 엔 이상 약 5백 개사의 내부유보금 합계액은 266조 엔에 달한다고 한다.

그와는 반대로 국세청 「민간급여실태 통계조사」에 따르면, 2010년 평균 급여는 353만 9천 엔으로, 2000년의 380만 3천 엔에 비해 26만 4천 엔이 줄었다(35~39세의 연간수입은 580만 엔에서 505만 엔으로 75만 엔이 줄었다). 또 후생노동성 「매월근로 통계조사」를 보면, 2011년에 지급된 월평균 현금급여 총액은 31만 6,792엔으로, 1990년 이후로는 리먼 쇼크[*] 직후인 2009년 다음으로 낮았다. 그 결과 근로자세대의 소비지출도 2000년 34만 970엔에서 2011년 31만 8,211엔으로 6.7%나 감소했다.

실질소비지출이 뚝 떨어지고 내수가 움츠러들어 경기침체를 벗어나지 못하고 있다. 그것은 노동환경이 붕괴됨으로써 사회 전체를 유지할 수 없게 되는 전형적인 실례라고 할 수 있다.

총무성 「노동력조사」는 2010년 실업률을 5.1%로 발표했는데, 후생노동성 「일반 직업소개현황」에서는 그 해 유효구인배율^{**}이 0.52 배라는 점에서 볼 때, 실업 상태에 있지만 구직을 포기한 사람이 많아서 이들이 실업자 수에 계산되지 않았을 것으로 분석한다. 정부는 저출산으로 노동인구가 줄고 사회를 지탱할 사람도 줄어들 것이라고 누차 경고한다. 하지만 노동인구가 늘어나더라도 취직할 수 없으면 결국 노동인구가 줄어드는 것과 마찬가지 아닐까? 자연적인 노동인구를 문제 삼기 전에 사회적으로 맞아들일 수 있는 노동인구를

_*   2008년 9월 미국의 서브프라임모기지(비우량주택담보 대출) 사태로 인해 미국의 투자은행인 리먼브라더스가 파산신청을 하면서 그 영향이 세계경제 전반에 악재로 작용한 사태.

_{**}   구직자 1명에 대한 구인자 수를 나타내는 지표. 전국 공공직업안정소에 신청된 총구직수(유효구직자수)를 분모로 하고 구인수(유효구인수)를 분자로 계산한다. 1배 이상이 되면 구인이 구직을 상회하는 것이다.

문제 삼아야 한다. 노동인구란 결국 사회가 취업시킬 수 있는 숫자와 무관하게 논할 수는 없다.

연간수입 2백만 엔 이하 근로빈곤층이 국세청 조사에 따르면 23%나 된다. 여성 노동자 가운데 여기에 해당하는 비율은 43%로 절반 가까이나 된다.

노동자들 간의 격차는 남녀 임금격차에 더해 정규직·비정규직 격차가 겹쳐지고, 거기에 또 기업규모별 격차가 더해져 격차의 계층을 형성하고 있다. 후생노동성 「국민생활 기초조사」는 연간소득이 112만 엔에도 못 미치는 상대적 빈곤율이 2009년에 16%까지 상승했고, 아동 빈곤율은 15.7%에 달한다는 사실을 보여주고 있다. 국제연합아동기금UNICEF의 2012년 발표에 따르면 일본의 아동 빈곤율은 14.9%로, 선진 35개국 중 나쁜 쪽으로 아홉 번째다. 후생노동성의 분석에 따르면 아동 빈곤율이 급속히 상승한 것은 노동자의 고용사정이 악화된 1990년대부터로, 이러한 수치는 부모의 빈곤이 그대로 아이들에게 이어지는 현상을 반영한 결과라 볼 수 있다. 특히 모자가정 등 한부모 가정의 빈곤율은 50.8%나 된다.

현재 생활보호수급자는 210만 명(세대수로는 152만 8천 세대)을 넘었으며, 그 수가 급속도로 늘고 있다.

국내 소비자를 상대로 상품과 서비스를 팔고 노동자를 고용하는 기업의 입장에서 내수를 떠받치는 생활자의 빈곤화는 매출에 직접적인 영향을 미친다. 그러나 해외로 공장을 옮겨 현지의 저임금 노동자를 고용해 생산·판매하고, 더 나아가 그곳에서 세계로 수출하는 기업의 입장에서는 일본에 있는 생활자와의 관계가 매우 약하다.

소비세가 인상되어 사고 싶은 물건도 못 사는 가난한 사람이나, 소비세를 상품판매가격에 전가할 수 없어서 생돈을 물어야 하는 중소기업이 있는 한편, 수출기업은 매입한 원재료·상품과 서비스에 포함된 소비세분을 국가로부터 환급받기 때문에 소비세율이 올라도 손해 볼 일이 없다. 그래서 더더욱 기업이 절반을 부담하는 사회보험료를 없애고 인상된 소비세로 사회보험료를 충당해달라는 경단련經團連*의 요구도 나온다. 게다가 만약 법인세를 높이면 기업은 해외로 거점을 옮기겠다는 협박에 가까운 소리도 들려온다.

어느 심포지엄에서 이 문제가 제기되었을 때, 회의장에서 이런 발언이 나왔다.

"그런 기업은 제발 해외로 나가달라. 그런 기업은 정치헌금의 대

······

＊　　일본경제단체연합회의 약칭. 일본 도쿄 증시 1부 상장기업을 중심으로 구성된 단체로 일본상공회의소, 경제동우회와 나란히 '경제3단체'의 하나. 우리나라의 '전경련'과 유사하다.

가로 비정규직 노동자의 고용·해고·최저임금 등을 직종의 제한 없이 자유롭게 할 수 있도록 노동법제 규제완화를 요구하거나, 법인세율을 내리고 소비세를 올리라고 하거나, 기업이 부담하는 사회보험료를 폐지해서 국제경쟁력이 올라갈 수 있도록 하라거나, 무기 수출을 자유롭게 하라거나, 지구온난화 규제에 반대한다거나, 인권과 생활 복지에 반하는 압력을 행사한다. 해외로 나가고 싶으면 나가서 일본에 돌아오지 않아도 된다." 또 어떤 사람은 말했다. "기업의 정치헌금을 없애고 개인 헌금으로 해야 한다는 말이 나왔을 때 기업은 이렇게 반론했다. 개인과 마찬가지로 기업 또한 사회적 존재이므로 정치헌금을 낼 자격이 있다고. 그렇다면 사회적 존재로서 능력에 따른 세금과 보험료를 확실하게 지불해야 한다. 해고된 노동자에 대하여 결국은 국민의 세금으로 기업의 뒤처리를 시키고 있지 않는가."

예를 들어 2011년 11월 30일에 통과된 부흥재원법*은 2013년 1월부터 25년간(거의 항구적인 증세) 소득세액에 2.1%를 더 얹어서 7조 5천억 엔의 세수를 예정하고 있는데 비해서, 법인세에 대해서는 실효세율을 5% 내리고 거기에 10%의 세액을 얹어서 2012년 4월부터 3년간만 증세하기로 했다.

게다가 주민세는 모든 납세자의 균등할均等割 세액에 1천 엔을 더

---

* 　　　동일본 대지진 부흥 재원 마련을 위한 법안. 증세규모는 10.5조 엔.

　　　　　　　　　　　　　　나는 사회인으로 산다 ·:·

없어서 2014년 6월부터 일률적으로 5천 엔이 된다. 또 퇴직금에 대해서는 지금까지 있었던 세액공제 10% 감세조치가 2013년 1월부터 폐지된다.

여기서도 부흥이라는 명목 하에 조세부담능력이 약한 사람에게는 세금을 늘리고, 담세능력이 충분한 사람이나 기업에게는 세금을 줄여주고 있다. 소비세가 인상됨으로써 그것이 더 큰 격차를 만들어내는 사회가 되는 건 아닐까?

경제산업성 「해외 현지법인 4분기조사」에 따르면, 2011년 현지법인의 종업원 수는 약 361만 명이다. 해외 노동자의 사정을 생각하지 않는 건 아니지만, 일본의 실업자 수에 영향을 미치는 것은 부정할 수 없다. 그러나 그게 전부가 아니다. 국제경쟁을 위해서라면 무슨 짓을 해도 된다는 자본의 논리는 이미 각국의 노동자와 시민들로부터 의심을 받고 있다.

경제의 글로벌화가 피하기 어려운 흐름이라 하더라도, 그로 인해 살아갈 수 없게 된 사람들을 그냥 내버려둬도 되는 것은 아니다. 본래 경제활동이란 인간생활을 위한 것이기 때문이다. 이익의 재분배와 사회보장을 통해 국민의 생활을 보장할 수 없다면 국가가 존재할 의미도 없어지고, 복지국가로서의 정체성도 사라진다. 우리는 어떤 국가, 어떤 사회에서 살고 싶은가? 그것을 실현하기 위해 어떤 경제활동을 하면 좋을까? 어떤 도덕을 사회적 기준으로 삼으면 될까? 모든 성인은 사회인으로서 책임을 지고 있다. 법인격을 가진 기업도 이러한 사회적 책임에서 무관할 수 없다.

⋮ 눈앞의 이익을 위한 경쟁

일본인들은 표면적으로 일본이라는 국가를 헌법에 의거해 평화국가, 문화국가, 복지국가를 지향하는 나라라고 생각한다. 하지만 전후 고도경제성장 시대의 "강한 경제·미일안보" 신앙을 여전히 굳게 믿고 있는 윗세대 일본인들은 무의식중에 또는 눈앞의 현실에 대응하기 위해 어느 정도는 인권을 희생해서라도 강한 경제 국가를 지향해야 한다고 생각하는 듯 보인다. 그러나 강한 경제가 꼭 인권과 복지수준이 높다는 의미는 아니다.

원전이 없으면 산업이 유지되지 않는다거나 전력부족에 빠진다거나 전기요금이 비싸진다고 하면, 그 근거도 전망도 따져보지 않고 선선히 원전 재가동 허용으로 기울어버린다. 자연이 아름답고 풍광이 빼어난 지방에서도 고용과 지방재정을 유지하기 위해서는 원전 유치가 필요하다는 설득에 넘어가버린다. '국민이 정부에 바라는 것'을 묻는 여론조사 1위나 2위에 항상 경기대책이 꼽힌다. 방대한 재정적자와 국가채무를 안고 있는 데다가, 재정지출을 해도 경기확대를 자극하지 못한다는 것을 알면서도, 늘 그래왔던 것처럼 찰나적인 대책을 찾고 있는 것이다.

교육도 마찬가지다. 개성을 존중하고 신체와 정신의 발달을 도우

나는 사회인으로 산다

며, 교양을 높이고 인격의 완성을 지향한다는 교육의 원리원칙(교육기본법과 아동권리조약)보다도, 어쨌든 부모는 자녀가 좋은 직장에 들어갈 수 있는 학교를 바라며, 당장 눈에 보이는 학력을 올리는 데만 집착하기 쉽다. 초등학교부터 기술교육을 시키길 원하기도 한다.

노동자 역시 노동시간과 노동방식이라는 중요한 노동조건을 경시한 채, 수입이 늘기만 하면 잔업이 많아도 좋다는 쪽으로 선택한다. 자기책임론을 이상하다고 생각하면서도, 생활보호수급자에 대해서는 일도 안 하면서 편하게 지내는 사람이라는 적의를 품기도 한다. 어쩌면 자기도 지병을 앓을지 모른다든지, 노후에 수입이 끊긴다든지, 일하고 싶어도 일할 곳이 없는 사회에 대해서는 생각하려 들지 않는다. 이들은 정규직 고용은 의자 뺏기 놀이 같은 것이어서 누군가는 반드시 고용이라는 의자에서 밀려난다는 것을 생각해본 적이 있을까? "재정지출 절감을 위해서"라면 공무원이 비정규직으로 대체되고, 공공서비스가 민영화되고, 경비절감의 대가로 공공서비스가 변질되어도 그것을 알려고 하지 않는다. 이는 "눈앞의 돈"에 급급해하는 단순한 사고가 아닐까? 거품경제 시대에 "돈이 있어도 마음은 풍요롭지 않다"며 도덕을 강조했던 사람들은 돈이 궁해지자 사회를 개선하려 들지 않고 더 가난해진 마음에서 이익만을 쫓게 되었다.

현실에는 정규직·비정규직 노동자 간의 격차는 물론, 비정규직 노동자들 사이에도 다양한 격차가 있다.

이러한 격차의 양상을 지방공무원 비정규 고용실태 조사결과를 통해 알아보자. 왜냐하면 공무원 급여는 민간의 유사직종을 참고하여 결정하도록 되어 있어서 하나의 모델이 될 수 있기 때문이다. 또 비정규 공무원을 채용하는 지자체 측은 노동시장에서 응모자가 있기만 하다면 정규직원에 비해 비정규직 공무원의 급여 및 노동조건이 아무리 열악하고 최저생활비에 못 미치더라도 채용이 타당하다고 판단하기 때문이다.

: 공무원의 비정규 고용

정규고용의 경우는 임금기준에 회사 나름의 내부규제가 있고, 공무원에게는 등급 호봉 규정이 있어서, 오랜 경험을 토대로 자의적인 처우가 되기 어렵도록 정해져 있다. 노동계약도 문서화되어 있어서 알기 쉽다. 그러나 공무원조차도 비정규화되면, 실질적으로는 노동계약임에도 불구하고 일방적인 임용이라는 형식을 취해서, 가급적 계약위반으로 다툴 수 없게끔 되어 있다. 민영화를 통해 위탁을 받은 기업도 투명한 노동계약을 체결하지 않는 경우가 많고, 앞장에서 소개한 비정규직 노동자인 S 씨의 경우처럼, 격차의 실태도 이유도, 본인은 물론 주위 사람들도 알 수 없는 경우가 많다. 비정규직은 이미 전체 노동자의 38.7%(후생노동성 「취업형태 다양화에 관한 종합실태조사」, 2010)에 달하고, 그에 따라서 정규직 사원의 노동조건도 상

나는 사회인으로 산다 :·

여금 있음 65%, 퇴직금 있음 58.4%, 승급·승격 있음 53.3%로 일제히 악화되고 있다.

특히 공무원이라고 하면 주민에게 봉사하는 직업으로, 영리사업이 아니라 주민에게 필수적인 공공서비스를 제공하는 동시에 공공노동으로서 그 나라의 노동실태를 대표하는 하나의 모델로 간주된다. 뿐만 아니라 여기서 비정규직 공무원을 거론하는 이유는 민간 비정규직 노동자에 비해 그 실태를 파악하기 쉽기 때문이다. 그로부터 민간 비정규직 노동자의 실태를 유추할 수 있다. 공무원의 비정규화는 악화일로로, 비정규직 지방공무원은 이미 60만 명에 달한다. 지자체에 따라서는 비정규직이 더 많은 곳도 있다. 예컨대 나가노 현의 어느 지역은 비정규직이 정규직의 1.6배에 달한다.

총무성의 「지방공무원의 단시간 근무실태에 관한 연구회 보고서」(2009년 1월) 및 지자체별 자료와 전일본자치단체노동조합(약칭 '자치노')의 자료를 보면, 공무원의 경우도 정규직이 해야 할 항상적인 업무를 비용 삭감이라는 이유로 비정규직에게 맡기고 있으며, 정규·비정규직 간의 격차는 물론 비정규직 간의 격차도 합리적인 근거 없이 크다는 사실을 알 수 있다. 비슷한 노동에 비슷한 임금체계가 있는 것이 아니다. 정규직이라면 학력, 직무나 근속연수 등에 따라 등급과 호봉이 정해지고, 현장업무와 비현장업무 등의 차이에 따라서 어쨌거나 공개된 임금체계가 만들어진다. 그러나 비정규직의 경우는 보수기준도 왜 시급이 그 액수로 정해졌는지, 업무 자체는 계속해서 필요한 업무로 존속하는데 어째서 ○개월, ○년마다 계약하고 ○년 이내로 고용기간이 제한되었는지, 왜 계약이 해지되고 새로운 사람을 같은 업무에 고용하는지, 왜 승급도 각종 수당도 없는 건지, 그 근거가 전혀 명시되어 있지 않다. 그로 인해 지자체 이곳저곳에서 소송이 제기되고 있다. 이래서는 앞으로 추진되어야 할 정규직·비정규직 균등대우를 처음부터 공적으로 부정하는 꼴이다.

지자체 재정 사정 때문이라거나 그래도 일하고 싶어 하는 사람이 있다며, 전적으로 고용하는 측의 형편에 따라서만 결정되고, 그로 인해 공공서비스를 받는 납세자의 불이익이나 노동자의 인권은 불문에 부쳐진다. 공무원의 서비스는 글로벌한 경제경쟁에 직접 영향을 받지는 않는다. 주민이 납부한 세금을 절약하기 위해서라고 하지만, 처우가 악화되면 노동의 질도 저하될 것이고, 수시로 고용되는 사람이 바뀌면 책임소재도 점점 불투명해지며, 익숙해지기까지 업무의 질과 효율도 떨어진다. 해고된 사람은 고용보험 신세를 지게 되고, 직업훈련이나 경우에 따라서는 생활보호비 등 결국은 국가재정의 공적 지출이 필요해진다. 총무성의 빈번한 지도에도 불구하고 비정규직 공무원 노동자에 대해서는 고용조건 통지서도 명시되지 않는 경우마저 있다. 이래서는 노동자의 권리를 악화시키고 사회를 불안정하게 만드는 관관官官격차라는 그릇된 모델밖에 되지 못한다.

⦙ 관제 근로빈곤층

앞서 본 총무성 연구회 보고서에 따르면, 주민이 일상적으로 직접
접하는 비정규 공무원은 대략 4개의 범주로 나뉜다. 〈표 2〉

표 2. 비정규 공무원의 분류

---

1. 특별직 비상근 (지방공무원법 제3조 제3항 제3호)
임시 또는 비상근 고문, 상담역, 조사원, 촉탁 및 이에 준하는 자로, 특정 학력
·경험에 의거해 임용되는 자로 해석된다. (지자체는 시간을 들여 정규직원을
양성하기보다는 학식과 경험이 있는 자를 임용하는 편이 손쉽고 효율적이라는
임용사유를 들고 있다. 임기를 5년까지로 하는 곳이 많다.)

2. 일반직 비상근 직원 (지방공무원법 제17조)
직원에 결원이 생긴 경우의 임명 방법 중 하나로서, 지방공무원법 제17조를
근거로 채용된다. 비상근 직원의 임용근거로서 명확히 규정되어 있는 것은
아니지만, 임기를 제한해 임용할 특단의 필요가 있고, 임기 규정이 없는 상
근 직원의 기본적인 공무 운영에 반하지 않는 한 허용되는 것으로 해석된다.

3. 임시적 임용직원 (지방공무원법 제22조 제2항 또는 제5항)
긴급한 경우, 임시 업무의 경우 또는 임용 후보자 명부가 없는 경우에 6개월을
넘지 않는 기간으로 임용된다. 갱신은 1회만 가능하며, 1년을 넘길 수 없다.

**4. 임기제 단시간근무 직원제도 (지방공공단체 일반직 임기제 직원채용에 관한 법률
제5조)**
2004년에 새로 마련된 제도로, 일정 기간 내의 업무 증가 또는 주민에게 직
접 제공되는 서비스 제공체제의 충실화, 상담업무나 창구업무 충당을 목적
으로 한다.

그런데 임용 결정권은 지자체에 있기 때문에, 이 4가지 범주는 지자체에 따라서 해석이 제각각이고 뒤죽박죽이어서, 정규직원의 결원을 비정규직으로 보충하는 등 어느 법률에 따라 직원을 임용했는지 근거가 명확하지 않다. 〈표 2〉에 있는 '일반직 비상근 직원'과 '임시적 임용직원'은 재임용을 반복하고, 상근직과 같은 일을 하는 경우가 많다. 다시 말해 비용 삭감을 위해 비상근으로 일을 시키는 데 불과하다.

앞서 말한 연구회에 제출된 '자치노' 자료에 따르면, 비상근 직원의 81.1%가 항시적인 업무에 종사하는데도 단기 고용을 반복하고 있으며, 비상근으로 일하는 사람으로서는 재임용될지 어떨지 알 수 없는 불안정한 고용이 되고 있다.

일급 · 시급 직원은 65.5%로 시간당 8백 엔 미만이 23.3%, 9백 엔 미만이 53.6%, 1천 엔 미만이 71.8%이다. 8백 엔 이상 9백 엔 미만이 평균치에 해당하는데 시급 850엔, 주당 30시간일 경우 연간수입은 130만 엔에도 못 미친다. 상여금도 없고 경험을 가미한 정기승급도 없다. 비상근 월급 직원도 연2백만 엔을 넘는 직원은 20% 정도에 불과하다. 평균연령은 46.3세이다.

더 문제인 것은 비상근 직원을 보호할 법제도가 정비되어 있지 않다는 점이다. 민간 비정규직 노동자를 보호하는 파트타임 노동법, 노동계약법, 육아 · 간병 휴직법 등이 비정규직 공무원에게는 적용되지 않는다.

민간기업 단시간근무 노동자의 경우는 파트타임 노동법에 의하여 정규직과의 균등처우 원칙을 적용할 수 있다. 국가공무원인 비상근 직원에게는 급여법 제22조 2항 규정에 따라서 급여에 대하여 상근 직원과의 균형고려원칙을 적용할 수 있다. 그러나 지방자치단체 비상근 직원에게는 이 원칙이 법제도상 전혀 명확하지 않아서, 말하자면 법의 틈새가 되고 있다. 이것이 비상근 직원을 '관제官製근로빈곤층'이라고 부르는 이유다. 비정규 직원의 연간수입은 정규직원의 절반 이하. 시급이 미야자키 현의 어느 기초자치단체는 706엔, 가고시마 현은 625엔인 곳도 있다. 교통비 등의 수당도 있는 경우와 없는 경우가 있다.

정규직원과 나란한 책상에서 똑같은 업무를 해도 정규직원에게는 상여금이 지급되지만 비정규직에게는 아무것도 없는 불공평함에, 생각 있는 정규직원은 괴로운 마음이 든다고 한다.

관공서가 앞장서서 마치 당연하다는 듯 이러한 고용을 계속하는 한, 민간기업의 악질적인 비정규 고용이 개선될 리가 없다. 그리고 일하는 사람의 마음도 차별에 둔감해지고, 이유 없는 불공평을 태연히 간과하며, 자신은 비정규직이라는 불행의 당사자가 아니어서 다행이라며 우월감을 느끼고, 비인간적인 심정이 사회적으로 당연시돼버릴 것이다.

: 비용 삭감을 우선한 결과

총무성은 공무원에 비정규 직원을 고용하는 경우는 예외적이다, 예 컨대 어떤 업무에 일정기간 인원이 부족해질 경우에 한정된다고 했 지만, 바야흐로 지자체 측은 재정을 절감하기 위해 주민에게 끼칠 영향은 전혀 개의치 않고 정규직원의 비정규화를 꾀하고 있다. 어 쨌거나 균등처우 원칙이 방침에 담겨 있기는 하지만 전혀 고려되고 있지 않다. 1년의 계약기간이 끝나고 재임용될 때는 다시 그 업무에 걸맞은 임금으로 조정하는 형태의 승급이 가능한데도, 경험을 가미 해 임금을 올리는 것은 정규직원에게만 적용된다. 근로기준법의 이 념이 소실되고, 될 수 있는 대로 값을 깎는 짓만이 '공적으로 솔선해 서' 자행되고 있는 것이다. 총무성은 2009년에 비정규직 공무노동 자에 대한 전국적인 조사결과를 얻었을 텐데, 무슨 까닭인지 대외비 라며 정보를 공개하지 않고 있다. 비정규직 공무원조차 합리적 근거 가 없는 노동을 강요당하고 있는데, 민간 비정규직 노동자의 균등처 우가 제대로 법제화될 리 없다.

과연 비정규 직원을 고용하는 것이 주민에게 효율적이라고 할 수 있을까?

도쿄 도 네리마 구에서는 도로 폭을 넓히기 위해 구민의 주거지 를 도로로 제공하게 하는 중대한 주민설명회에 책임을 질 입장도 아닌 비정규 직원을 내보내 주민의 분노를 샀다. 즉 정규직원을 비정규직으로 전환한 탓에 정규직 인원수가 부족해진 불합리함을 비정규직에 전가시킨 것이다.

그런가 하면 실제로 자격도 있고 경험을 쌓았는데도 비정규직 보육사는 책임을 질 입장이 아니라며, 아이를 맡긴 엄마의 질문에 직접 대답하지 못하게 되어 있다고 한다. 보육사는 정규직·비정규직에 관계없이 아이를 위해 책임지고 보육을 한다. 비정규직이라고 해서 태만이 용납되는 것은 아니다. 내 친구 중에 비정규직 보육사가 있는데, 그 사람은 업무에 대한 자부심과 보람을 잃고는 일을 그만두었다. 또 파견노동자는 계약으로 정해진 일밖에는 못하게 되어 있어서, 예를 들어 노인요양시설 복도에서 휠체어에 탄 채 오도 가도 못하는 사람을 봐도 정해진 업무가 아니기 때문에 아무것도 해줄 수 없다는 어처구니없는 이야기도 들린다.

비정규·정규라는 노동의 구분은 비용만을 따져서 생각해낸 분류방법에 불과하며, 노동의 질과 효율 면에서 보면 결코 득이 되지 않는다. 줄어든 비용보다도 더 큰 비효율을 낳는 경우가 많다. 그런데도 민영화와 지정관리자제도*를 통해 사업을 위탁한 당사자인 지자체는 그 문제에 무관심하다.

....

* "2003년 지방자치법 개정으로 공공시설 관리제도가 크게 바뀌었다. 그때까지 공공시설관리를 위탁할 수 있는 기관은 지방공공단체 출자법인 등 일부 단체로 제한되어 있었는데, 법 개정 후에는 민간회사도 관리자로 인정받을 수 있게 되었다." (위키피디아 일본)

비용 삭감을 위해서라고 하는데, 비용은 '투입 대비 효과'로 볼 때 정말로 비용 절감 효과를 올리는지 여부로 판단할 수 있다. 값이 싸니 당연히 품질도 나쁘다면 서비스를 받는 국민으로서는 도저히 삭감효과가 있다고 할 수 없다. 민간기업이라면 싼 게 비지떡인 상품은 시장에서 도태되지만, 공공서비스에는 그것이 없다.

2012년 1월 1일 현재, 전국의 고용지원센터(헬로워크)에서 일하는 사람은 31,765명이다. 그중 정규직원은 11,589명, 비정규직 상담원은 20,176명으로 비정규직이 두 배가량 많다. 실업자 급증에 대응하여 2008~2009년에 6천 명, 2010년에 1만 3천 명, 2011년에 7천 명의 취업상담원이 비정규직으로 신규채용되었다. 지역에 따라서는 비정규직이 대부분인 곳도 있다고 한다. 비정규직 상담원은 임기가 1년으로, 2회까지 재고용이 인정된다고 하지만, 근속연수가 능력급으로 가미되지는 않는다.

임기가 끝난 상담원은 이번에는 창구 밖에 구직자로 줄을 서게 될 것이다. 구직자가 많은 곳에서는 1인당 15분밖에 시간을 낼 수 없기 때문에, 소개를 받더라도 적합한 일자리가 아닌 경우가 많아, 결국 또 다른 일자리를 찾게 된다. 고용지원센터 본연의 모습과는 거리가 멀다는 것이 다음에 소개할 효고 폴리테크센터(전국의 직업능력개발촉진센터 16곳 중 한 곳)와 비교해보면 명백해진다.

효고 폴리테크센터는 효고 현, 효고 노동국, 지역 산업계, 노동조합이 참가하는 운영협의회가 지역의 요망을 파악해 훈련프로그램을 결정하고, 매주 희망자를 대상으로 한 설명회를 실시해서 훈련과 취업의 불일치를 막고 있다. 직업훈련 수강생은 한 반에 15명 정원으로, 6개월의 훈련을 마친 후 취업률은 83.4%. 퇴직자는 거의 없다고 한다.

폴리테크센터 실습생을 받아들이고 있는 세이와淸和공업소에서 한 실습생은 말한다.

"4개월의 직업훈련을 거치고 실습 5일째. 정규직 경험은 없다. 파트타임으로 일을 했지만, 이대로는 안 되겠다는 생각에 헬로워크에 갔다. 원래는 악기수리 전문학교에 다니고 있었는데, 측정 같은 섬세한 일이 좋았다. 헬로워크 상담원과 두세 시간 이야기한 끝에, 무작정 취업하는 것보다 폴리테크센터에서 일을 배우는 게 좋겠다는 조언과 함께 그곳을 소개받았다. 아무런 지식이 없는 상태로 취직해 단순한 업무만을 맡게 된다면 장래가 불안정하다. 확실한 기초지식과 기술을 배우고 싶었다. 5일째지만 뭐든지 가르쳐주어서 지금은 자신감을 갖고 실습에 임할 수 있다"(2011년 10월 일본변호사연합회 인권옹호대회 심포지엄 기조보고서).

헬로워크 전산망 검색으로 일자리를 결정하는 간단한 직업소개가 아니라, 본인의 희망과 일치하는 직업을 충분한 준비를 거쳐 소개하면, 평생을 걸 수 있는 직장을 구할 가능성이 높아진다. 일단 취직한 후에도 회사의 희망에 따라 다시 한 번 부족한 부분을 폴리테크센터에서 보충훈련 하는 경우도 있다고 한다. 만약 그렇게까지 한다면 현재 헬로워크의 직원수로는 절대로 감당이 안 된다. 다시 말해서 그 사람을 정말로 필요로 하는 곳은 있는 법이다.

노동 규제 완화만 앞세웠지, 비정규직 노동자에 대한 효과적인 보호정책이 없다. 이런 사회에서 개인적인 해결책을 추구하며 경쟁으로 세월을 보낸다 하더라도 아무도 구제될 수 없다.

시장경쟁 속에서는 실업자에게 새로운 고용을 만들어낼 수 없다고 한다면, 국가가 직접 일자리를 만들어낼 의무가 있다. 사회적인 수요가 있어도 이윤이 나지 않으면 민간기업은 공급을 사업화하지 않기 때문에 고용을 창출할 수 없다. 그러나 사회적인 수요가 크고 공급이 부족한 직종은 많다. 병원 간호사, 의사, 물리치료사, 학교교육 현장에서 너무도 분주한 교사, 홀몸노인 돌보기나 배식, 생활보호가정 상담 및 생활지원, 헬로워크 상담원 등…….

현재 지자체 직원인 사회복지 사례관리자의 1인당 생활보호세대 담당수는 120세대 정도. 이전에 50세대 정도를 담당했을 때는 수급자의 상황도 파악할 수 있었고 자립을 위한 지원도 가능했다. 최근에는 재원이 부족해서 생활보호수급자에 대한 친족의 부양의무가 강조되고 있지만, 그것이 옳고 그른지는 별개로, 현장의 인원부족이라는 점에서 보더라도 친족조사는 불가능하다.

비용 대비 효과가 부정적인 것은 공립 초중등학교, 특별지원학교*

....

* 　　　장애아동을 위한 학교.

　　　　　　　　나는 사회인으로 산다 :·

교원도 마찬가지다. 2010년에 정규직 교원은 588,794명인데 비해 비정규직 교원은 109,000명으로 6명에 1명은 비정규직이다. 낮은 급여에 짧은 임용기간, 불안정고용 환경에 처해 있는 교원에게 빈틈없는 교육을 요구하는 것은 무리가 아닐까? 교육에는 팀워크가 필요하다. 교사는 '시간을 들여서' 아이들 각자의 상황이나 성장을 지켜보고, 아이들과 좋은 관계를 만들어가야 하는 직업이다. 다시 말해 교육에는 시간이라는 요소가 큰 의미를 갖는다.

일반적으로 사회인이란 직업을 가진 사람이라는 이미지가 있다. 그러나 직업의 양상에 따라서는 오히려 사회인에 역행하고 있다는 생각마저 든다.

후쿠시마 원전 사고 후에 주목을 받게 된 원전 노동자들 간의 격차는 사람 목숨에 관계된 격차라는 점에서 한층 더 간과할 수 없는 문제를 안고 있다. 전력회사 밑에 제조업자인 원청회사가 있고, 그 밑에 원청회사의 인정을 받은 1차 하청업자가 있고, 그 밑에 2차 하청, 3차 하청, 4차 하청이 있고, 5차까지 하청업자가 있는 경우도 있다. 그리고 하청으로 내려갈 때마다 원전에서 일하는 노동자의 임금이 깎여나가 10분의 1에도 못 미치게 되고 사회보험 가입도, 건강진단도, 안전지도 교육도 건성으로 하게 된다. 원전은 주민의 방사능 피해뿐 아니라, 원전 노동자의 피폭^{被曝} 없이는 존속할 수 없는 산업이며, 노동자의 목숨을 대가로 한 궁극의 격차를 낳는다는 것을, 그들과 같은 사회인인 우리는 원전을 폐지해야 할 중대한 이유로 삼고자 한다.

：확대되는 소득격차의 현실

생활보호수급자도 전국적으로 210만 명을 넘었으며, 더 늘어날 것으로 예측된다. 게다가 생활보호수급자 가운데 경제활동연령의 사람들이 계속 늘어나고 있는 것은 길어지는 실업기간과 다수의 근로빈곤층을 낳고 있는 사회적 배경이 있기 때문이다. 생활보호를 받을 수 있는 빈곤세대 가운데 실제로 생활보호를 받고 있는 사람은 후생노동성 조사(2010년 4월)에서도 20~30% 정도에 불과하다. 또 상대적 빈곤율은 전 국민의 가처분소득 중앙값의 절반에 못 미치는 국민의 비율을 말하는데, 2009년에는 16%나 되었다. 말했다시피 아동 빈곤율은 2012년 유니세프 발표에 따르면 14.9%로, 약 7명 중 1명의 아동이 빈곤에 처해 있다.

임차료 보조제도가 없는 일본에서는 소득뿐 아니라 주택사정의 격차가 생활에 더 큰 격차를 가져오고 있을 것으로 예상된다.

빈곤이 아이들에게 어떤 영향을 주는지는 아베 아야(阿部彩)가 쓴 『아동의 빈곤』에 자세히 나와 있는데, 빈곤이 본인은 물론 차세대 어린이의 교육, 생활습관, 대인관계, 사회적 교양 등에까지 심각한 영향을 준다는 것이 다양한 조사로 밝혀졌다. 빈곤은 차세대 어린이에게까지 사회인이 되는 데 많은 어려움을 강제하고 있다고 할 수 있다.

나는 사회인으로 산다 ·:

홋카이도의 구시로 시는 2011년 생활보호수급세대가 총 세대의 절반을 넘었다(2011년 구시로 시 생활복지사업소 자료 「생활보호 현황: 보호세대 수·인원 및 보호율 추이」). 유효구인배율은 0.4배밖에 안 된다. 이 자료와 함께 2011년 일본변호사연합회 인권대회에서 구시로 시 복지부 생활지원주임 사토 시게루^{佐藤茂} 씨가 보고한 바에 따르면, 구시로 시는 2004년 생활보호수급 모자가정 자립지원 모델사업에 착수해, 시민과 공동으로 생활보호세대의 자립지원 프로그램을 만들었다. 그리고 취로자립지원과 고교진학 희망자 학습지원, 보육지원과 모자교류, 노인 말벗, 카드놀이·종이접기 등의 여가 활동 지원, 잡초제거, 장보기 동행 등 현금 지급에 국한되지 않은 인간생활 전반에 걸친 지원을 하고 있다. 그 공통원칙은 "사회와의 접촉을 더 많이 만들고, 접촉이 끊어지지 않게 하는 것"이다. 어두운 표정의 사람도 만남 속에서 많은 미소를 지었다고 한다.

뿐만 아니다. 이 자립지원이 발전해서 많은 고용이 생겨났다. 지원활동에서 자연스럽게 고용이 생겨난 것이다.

사회보장은 부자도 가난한 사람도 구별 없이 전 국민을 포괄하는 것이 되어야 한다고 말한다. 하지만 사회보장이 커버해야 할 생활이란 금전 급부만이 아니라, 사회와의 접촉을 보장하는 생활이어야 한다. 사회인이 되기에 걸맞은 생활 전반에 걸친 지원 말이다. 일본 사회는 지금 이 점을 깨닫고 첫걸음을 내딛고 있는 것이다.

생활의 경제적 격차를 보여주는 통계는 많지만, 총무성 「가계조사연보」에 따르면, 2011년 근로자의 수입 등급을 5등분했을 때, 그중 가장 낮은 제1분위의 한 달 수입이 263,421엔인데 비해서, 가장 높은 제5분위의 수입은 707,921엔이었다.

후생노동성 「취업형태의 다양화에 관한 종합실태조사」(2010)에서 임금분포를 보면, 정규직 사원 중 월수입 10만 엔 미만은 0.2%에 불과한 데 비해서, 파견직에서는 21.4%, 파트타임에서는 51.2%였다. 반대로 월수입 40만 엔 이상은 정규직에서는 22.6%였지만, 파견직에서는 4.8%, 파트타임 중에서는 1.3%밖에 안 되었다. 평균해 보면 파트타임 노동자의 임금은 일반노동자의 4분의 1에 불과하다.

내각부 「남녀공동참여백서」(2011)에 따르면, 2010년 일반노동자를 100으로 했을 때 남성 단시간 노동자의 급여수준은 54.7이고, 여성 단시간 노동자는 49.5였다.

나아가 국세청 「민간급여실태」를 보면, 2010년 연간수입 2백만 엔 이하에 전체의 약 40%가 속해 있다. 반대로 연간수입 1천만 엔 이상에는 4%가 속해 있지만, 그 상한선은 명시되지 않았다. 그래서 잡지 『프레지던트』 2011년 11월 14일자의 조사를 인용하고자 한다.

연간수입 1억 엔 이상인 경영진의 개별 공시는 2년 전부터 실시되고 있다. 1억 엔 이상이 3백 명가량 되는데, 『프레지던트』는 그중 26명의 중역들이 받는 보수를 제시하고 있다. 그 상위 15위까지를 소개하면 ① 다이토 건설신탁^{大東建託} 전 회장 다다 가쓰미^{多田勝美}(36억 2천 6백만 엔), ② 닛산자동차 회장 겸 사장 카를로스 곤(9억 8천 2백

만 엔), ③소니 회장 겸 사장 하워드 스트링거(8억 8천 2백만 엔), ④
다카다ᵗᵃᵏᵃᵗᵃ전 회장 다카다 주이치로高田重一郎(고인. 6억 9천 5백만 엔),
⑤에이스ᵉᵉˢ교역 전 회장 사카키바라 히데오榊原秀雄(6억 1천 8백만
엔), ⑥세가사미ˢᵉᵍᵃˢᵃᵐⁱ홀딩즈 회장 겸 사장 사토미 하지메里見治(6억 1
천 5백만 엔), ⑦니혼조자이日本調剤 사장 미쓰하라 히로시三津原博(5억 7
천 2백만 엔), ⑧시세이도資生堂 전무 커스틴 피셔(4억 4천 3백만 엔), ⑨
G-7홀딩즈 회장 기노시타 마모루木下守(4억 4천 2백만 엔), ⑩에이백
스그룹홀딩즈 사장 마쓰우라 마사토松浦勝人(4억 8백만 엔), ⑪후지필
름홀딩즈 사장 고모리 시게타카古森重隆(3억 9천 8백만 엔), ⑫프리베ᵖ
ʳⁱᵛᵉ기업재생그룹 사장 마쓰무라 겐조松村謙三(3억 9천 4백만 엔), ⑬신
에쓰信越화학공업 회장 가나가와 지히로金川千尋(3억 8천 3백만 엔), ⑭
파낙ᶠᵃⁿᵘᶜᵏ사장 이나바 요시하루稲葉善治(3억 7천 8백만 엔), ⑮ITHD상
담역 기타가와 준지北川淳治(3억 6천 2백만 엔).

돈을 버는 게 뭐가 나쁘냐는 말도 사실이겠지만, 그런 회사에서
일하는 비정규직 사원의 처우는 어떠할지 궁금해지는 것은 어쩔 수
없다.

경영진 급여의 근거는 명확하지 않아서, 반드시 업적에 준해서 지
급되는 것은 아니라고 한다. 예를 들어 이익이 대폭 감소한 소니 회
장 겸 사장의 급여는 전년대비 5천 7백만 엔 인상되었다. 1990년대
의 거품 붕괴기에도 사장의 급여는 내려가지 않은 곳이 많았다.

이 잡지는 일반인의 급여도 소개하고 있는데, 업종별 각 기업의

평균연간수입을 보면 1천 3백만 엔을 넘는 기업(은행 · 증권 · TV · 신문 · 종합상사)도 있는 한편, 소매 서비스, 복지 요양 등 3백만 엔에 못 미치는 곳도 있다.

비정규직의 소득은 (비정규직도 계약사원, 파견, 하청, 파트타임 등 다양하지만) 어림잡아 거의 정규직의 절반 이하라고 봐도 될 것이다. 상여금이나 퇴직금, 복리후생 급여 등을 포함하면 그 차이는 더 벌어진다. 노동형태가 다양해지는 것은 피할 수 없다 하더라도, 그렇기 때문에 더욱더 동일노동 · 동일임금 원칙이 관철되어야 한다. 사회적 공정성에 반하는 사안에 대해서 노동조합은 보고도 못 본 척 해왔지만, 노조의 조직률이 떨어지고 비정규직 노동자가 이미 40%에 육박하고 있어서 최근에는 비정규직의 노동조건 향상을 요구하게 되었다.

앞장에서 소개한 히로시마전철 노조의 말을 떠올려보라. 비정규직을 정규직으로 전환한 이유는 그들에 대한 차별이 사회적 공정성에 반한다고 생각해서만이 아니다. 그대로 방치하면 정규직은 비정규직으로 바뀔 것이고, 자신들도 비정규직과 똑같은 노동조건이 될 것이 빤했기 때문이다.

⫶ 모두의 자리와 역할을 요구하라

야마사키 도요코*의 소설 『지지 않는 태양』의 주인공 온치 하지메[恩]

地元의 모델이기도 한 오구라 히로타로[**]는 케냐의 야생동물을 찍은 사진집 『지평선 저편에』에서 재미있는 관찰을 하고 있다. 얼룩말과 버펄로는 사자가 습격하면 무리가 결속해 싸워서 사자를 쫓아버리지만, 누우는 치타의 습격을 받아도 뿔뿔이 흩어져 도망칠 뿐, 치타에게 습격당한 동료를 도와주려 하지 않고, "습격당한 것이 내가 아니어서 다행"이라는 식으로 또다시 풀을 뜯는다는 것이다. 오구라는 그 누우떼와 일본의 노동자를 겹쳐보고 있는 것 같다.

목이 날아간 일본의 누우가 회사 정문 앞에서 전단지를 돌리고 있어도, 며칠 전까지 동료였던 사람이 건네는 전단지조차 받으려 하지 않고 지나쳐버리는 일본의 누우떼들. 이래서는 노동자 전체의 지위와 권리가 지켜질 리 없다. 앞장에서 살펴본 미쓰비시 후소에서 해고당한 S 씨의 경우도, 한 사람을 제외한 다른 비정규직 사원들은 개개인이 뿔뿔이 흩어져 일자리 찾기에 분주할 뿐, 정문 앞에서 해고 반대 전단지를 돌려도 받아주는 사람 하나 없었다고 한다. 사회적 연대라는 것이 어째서 이토록 희박해졌을까?

....

* 山崎豊子(1924~2013). 일본의 작가, 소설가. 1958년 『꽃포럼』으로 제39회 나오키상을 수상했다. 주요 작품으로 『하얀 거탑』, 『화려한 일족』, 『불모지대』, 『두 개의 조국』, 『대지의 아들』 등이 있다.

** 小倉寛太郎(1930~2002). "일본항공(JAL)의 전 노조위원장. 1960년대 전반에 경영진과 격렬하게 대립, 일본항공 최초의 파업을 주도했다. 그 후 인사이동으로 사내규정을 훨씬 초과해 약 10년간 해외근무(카라치, 테헤란, 나이로비)를 강요당했다. 정년퇴직 후 오지 근무가 인연이 되어 아프리카 연구자, 동물사진가, 수필가로 활약했다." (위키피디아 일본)

2010년 8월 오사카 시 니시 구의 한 연립주택에서, 3세와 1세의 아이를 둔 엄마가 자취를 감춰, 아무것도 먹지 못한 두 아이가 굶어 죽은 사건이 있었다. 죽기 전까지 좀처럼 울음을 그치지 않았고, 이상한 울음소리도 들렸다고 한다. 주민이 구청 담당과에 전화로 알렸다는데, 구청 직원은 물론 같은 연립 주민도 실제로 아이를 도와주러 나선 사람은 아무도 없었다. 먹을 것도 없고 오물에 더럽혀진 어두운 방에서 아이들은 얼마나 절망하며 울었을까. 그렇게 속절없이 무력하게 죽어간 것이다. 여기서도 성가신 일에 얽히고 싶지 않은, 그저 무난하게 살아가는 어른들이 있다. 이들은 얽히고 싶지 않은 마음에 프라이버시^{privacy}를 구실로 내세운다.

프라이버시는 확실히 사생활 영역에 공권력이 개입하지 못하도록 하는 인권의 보루라고 해도 좋다. 프라이버시가 인정받게 되면서 비로소 사람은 불가침의 사생활을 자기 것으로 만들 수 있게 되었고 진정한 의미에서 자유로워졌다. 그러나 프라이버시가 공무원이 긴급한 구호활동을 게을리하는 구실도 되고 있다. 또 시민들이 상호부조를 주저하는 요인으로도 작용한다. 어린아이들이 굶어죽은 사건에 대해서도 "집안에 들어가 도와주고 싶어도 프라이버시를 침해하게 되니까"라는 의견이 많았다.

그러나 생각해보라. 인권은 하나의 권리만으로 성립되는 것이 아니다. 아동권리조약과 아동복지법은 어린이가 몸도 마음도 건강하게 자라날 책임을 국가 · 지자체 · 부모에게 지우고 있다. 어린아이가 이상한 울음소리를 내며 좀처럼 울음을 그치지 않는 바로 그때에 우선될 권리는 프라이버시일까? 아니면 아이가 건강하게 자랄 권리와 아이의 최선의 이익을 위한 환경일까? 이러한 여러 권리들은 숱한 역사를 거쳐서 사회가 홀로 설 수 없는 아이에게 공적으로 부여한 권리이다. 그것을 보장하는 것이 어른들의 책임이고, 사회에 부과된 의무라 해도 좋다. 두 어린아이를 둔 가난하고 삶의 보람을 잃은 젊은 엄마에게 아무도 보육원이나 일시탁아 제도에 대하여 조언해주지 않았던 것일까?

본래 아이를 둔 부모는 아이를 지키기 위해 사회와 가장 직접적인 관계를 맺고 있는 사람이다. 건강한 출산, 산전산후 휴가, 육아휴직, 보육시설, 보건소, 학교교육 정비는 물론, 아이의 건전한 심신 발달을 위해 아동의 권리를 지키는 대변인으로서 정치 및 지자체와 마주하는 것은 부모들이고 어른들이다. 해야 할 일은 많다. 엄마와 아이의 건강 돌보기, 아이를 위한 건전한 환경 만들기, 전염병 예방이나 아동병원 확충, 어린이도서관과 어린이극장 등 문화와의 접촉, 안전한 식재료와 생활습관, 아이가 가까이 할 수 있는 자연환경, 스포츠시설, 아이의 잠재력을 끌어낼 수 있는 환경 만들기, 부모가 안심하고 일할 수 있는 방과 후 보육, 아이들끼리 놀 수 있는 커뮤니티 만들기 등…….

그러나 경쟁사회 속에서 부모들은 다른 부모들과 협력해서 아이를 위해 좋은 환경을 만들려 하기보다는, 개인적으로 아이를 학원에 보내어 좋은 학교를 목표로 한 교육경쟁에서 이기게 하는 데 휘말리고 있는 것 같다. 도쿄 도의 지요다 구, 미나토 구, 신주쿠 구, 시부야 구 등에서는 초등학교 때부터 공립학교에 다니는 아이들은 약 70%에 불과하다. 또 도쿄 도 전체 23개 구의 공립중학교 진학률이 60~70%인 데 비해서 미나토 구는 47%, 메구로 구는 54%로 공립중학교 진학률이 60% 미만인 자치구가 8개나 된다. 불황 속에서도 입시학원에 다니는 아이들이 계속 늘고 있다고 한다.

학군을 넘어서 희망하는 학교에 보낼 수 있는 지자체도 있기 때문에, 평판이 좋은 학교는 입학희망아동이 정원을 초과하기도 한다. 그렇게 되면 정원을 초과한 아이는 대기아동으로 자리가 생길 때까지 기다린다. 교육위원회가 거주지역 학교에 보내도록 권유해도 부모는 좋은 학교에 보내고 싶다며 자리가 나길 기다린다고 한다. 좋은 학교라 하더라도 처음에는 그저 풍문일 뿐이다. 어느 학교가 좋다더라 하는 소문이 나고, 거기에 교육열에 불타는 부모와 아이들이 몰려들어, 결과적으로 교육열이 높은 학교가 된다. 제 자식 교육에만 열심이지, 지역의 많은 아이들을 위해 함께 학교를 개선해가자며 사회인으로서의 자각을 갖고 적극적으로 나서는 부모는 많지 않다.

： 움직이기 시작한 후쿠시마의 부모들 ：

지금 후쿠시마의 부모들은 제 자식만을 위해서가 아니라 학교급식

나는 사회인으로 산다 ：

의 방사선 검사, 학교와 교정의 오염제거, 공원 등의 방사선 안전 기준 자주검사에 나서고 있다. 원전 사고 이후, 부모들은 사회적으로 연대하지 않으면 아이들을 지킬 수 없다는 것을 깨달았다. 그래서 '아이들을 방사능으로부터 지키는 후쿠시마 네트워크'를 꾸리고 방호防護반, 지식 보급반, 피난 · 소개疏開 · 보양保養반 등을 조직해 주민에게 정보 제공, 상담, 정부에 대한 요청, 재난지역 밖 시민들과의 연대 등 제 식구만의 안전이 아니라 주민 전체의 문제해결을 위해 활동하고 있다.

이들은 집단으로 활동하면서 혼자서 노력하는 것과는 비교도 안 될 정도로 효과를 올리고 있다. '네트워크' 모임에 새로 참가한 엄마들은 처음으로 사회참여를 경험하면서 이제껏 맛보지 못한 정신적인 기쁨, 신뢰감, 공부의 즐거움, 동료들이 있다는 것의 근사함을 절실히 느꼈다고 한다. 이러한 '네트워크' 활동이 그 밖의 다른 지역 사람들에게도 후쿠시마와의 연대를 불러일으키고 있다. 후쿠시마 문제를 일본 전체의 문제로 파악하고, 일본 각지에 알리며, 원전 폐지 실현을 위해 행동하고 있는 부모들. 그리고 후쿠시마뿐만 아니라 자연과 인류 전체에 미칠 비참함에 직면한 어른들은 어째서 아이들을 위해 원전 건설을 거부할 수 없었는지 무거운 책임을 느끼며, 편리함만을 향유하느라 전력이 어떻게 만들어지는지조차 보고도 못 본 체해온 과거와 대면하고 있다.

'네트워크' 간사에게 이제까지 사회적 활동을 해본 적이 없는 부모들이 어떻게 해서 아이들을 위해 함께 활동을 시작했는지 물어보았다. "이 말도 안 되는 상황에 휘말린 아이와 자신의 운명을 도저히 납득할 수 없었고, 그 괴로운 심정이 부모들을 사회적 활동으로 돌려세웠다"고 대답했다. 이들이 겪었던, 도저히 납득할 수 없는 괴로운 심정은 개인적으로 해결할 수 없다는 것이 그 누구의 눈에도 명확했던 것이다.

사회에 관심이 없어도 사는 데 지장 없다던 시민들이 후쿠시마 원전 사고를 겪고 나서는 세 명만 모이면 "앞으로 일본은 어떻게 되는 거야" 하는 이야기를 나눈다. "사회가 바뀐다는 건 우리가 바뀐다는 것 아닐까?"라면서. 이들은 지금도 여전히 이상한 점에 대하여 "No!"라고 확실하게 말할 수 없는 자신의 모습을 응시하며 그 원인이 어디에 있을까 고민한다.

그리고 마침내 자신들이 받아온 교육의 문제에 다다른다.

나는 사회인으로 산다 ∴

5장

사회인을 어떻게 길러낼까

：**경제를 제어하는 힘**

시장에서는 상품 판매자인 공급 측이 좋은 상품을 더 싸게 공급하려고 서로 경쟁한다. 구매자인 수요 측도 최적의 상품을 더 싸게 구입하려고 경쟁한다. 그 경쟁을 통해서 불필요한 상품은 도태되어 시장에서 자취를 감추고, 한정된 자원과 노동이 낭비되지 않도록 최적으로 배분된다. 그런 식으로 설명하면, 그것을 대신할 더 좋은 경제 시스템을 경험한 적 없는 우리로서는 전력회사의 지역독점 폐해나, 전쟁 중의 통제경제, 사회주의국가의 경제 침체를 떠올리면서 자유주의 시장경제에서 사회가 분열되는 것은 어쩔 수 없다고 생각해버리는 건 아닐까?

우리는 경제의 경쟁원리가 자연과 인간의 영역까지 침투하여 파괴적으로 작용하는 것을 비판한다. 그리고 인간에게 풍요를 가져와야 할 경제가, 반대로 돈벌이를 위해 인간을 실업과 기아로 내모는

데 분노를 느낀다. 그렇지만 우리는 그러한 사회를 바꾸고자 할 때 구조적인 벽에 부딪히게 된다.

싸고 안정적인 전력을 공급하기 위해서는 원전밖에 없다. 자연에 너지로 생산된 비싼 전력으로는 글로벌 경제경쟁에서 이길 수 없다. 더욱더 실업자가 늘어난다. 이런 말을 들으면 후쿠시마의 참상을 알면서도 우리는 갈피를 잡지 못한다.

경제의 흡인력은 매우 크다. 자동차가 생기면 새로 유전이 개발되고, 정유공장이 생기고, 주유소가 생긴다. 이러한 경제파급 효과의 흐름은 누군가 명령이나 강제를 하지 않아도, "벌이가 되겠는데"라는 단 한마디로 자연스럽게 달성되어간다.

그러나 자기증식 충동을 지닌 자본의 활동을 인간의 복지와 지속가능한 자연을 유지하는 데서 벗어나지 않도록 제어하려면 실제로 상당한 어려움을 각오해야 한다. 인간의 이성과 윤리적 판단력은 돈벌이처럼 단순하고 강한 흡인력을 갖고 있지 않기 때문이다. "돈 좀 벌어보자"라고 말하면 그것만으로 아무런 설명이 필요 없지만, 다음 세대가 살아갈 날들을 생각해서 지속가능한 사회를 위한 합의로 가져가려면 커다란 노력이 필요하다. 생활협동조합이 지향해야 할 기본적 가치를 일깨운 알렉산더 레이들로*는 "인간은 말馬이고, 그

....

* Alexander Laidlaw(1908~1980). 캐나다의 비영리 주택협동조합의 아버지로 일컬어진다. 주택문제를 해결하는 방법으로 주택협동조합의 장점을 강조해왔다. 대표적인 그의 저서

등에 올라타서 고삐를 쥐고 있는 것은 돈과 상품"이라는 말을 했다.

본래대로라면 국민의 생활을 위해 경제를 제어하는 것이 정치의 역할일 것이다. 정치력의 쇠퇴는 모두가 익히 알고 있는 바와 같다. 정치도 경제가 안장에 올라타서 몰아가는 말이 되었는지도 모른다.

그런 점들을 충분히 파악하면서 우리는 사회인으로서 인간다운, 따라서 누구나 할 수 있는 또 하나의 길을 열어가고자 한다. 이를 위해 중요한 것 중 하나가 인간의 판단력을 단련하고 육성하는, 아이들에 대한 교육의 역할이다.

: 사회인이 되기 어려운 교육 :

전쟁 전의 교육은 오로지 애국심을 높이는 교육이었지, 사회인을 길러내는 교육이 아니었다. 국가만 강대했지, 지금처럼 국가가 온전히 제어할 수 없을 정도로 순식간에 움직이는 '경제·금융시장' 사회도 아니었고 시민사회도 없었다. 오히려 지금은 정치도 인간생활도 시장에 좌우되고 경제의 식민지가 돼버렸다. 그것을 사회의 민영화라고 하는 사람도 있다. 인간을 위해 경제활동이 있다는 당연한 말이 더 이상 당연하지 않게 되었고, 경제에 봉사하기 위해 인간이 살아가는 것만 같다. 이처럼 본말이 전도된 생각이 조금의 의심도 없이

『서기 2천 년의 협동조합』은 협동조합의 고전으로 손꼽힌다.

받아들여진다. 그래서 교육도 점점 직업기술교육과 경쟁교육이 되었다. 같은 자본주의국가 중에서 거의 아무런 저항 없이 교육의 장을 재계의 논리에 내어주는 나라는 지금의 일본 정도가 아닐까?

아이들은 어른이 되고 각자의 길을 걸어가겠지만, 스타나 투자자가 되지 못하는 사람도 모두들 사회인은 된다. 그래서 학교교육은 아이들이 집단생활 속에서 다양한 사람들과 만나고 보다 풍부한 사회성을 익히는 것을 교육의 중요한 목적의 하나로 삼고 있다.

그러나 일본의 교육은, 어른은 되더라도 사회인이 되기는 어려운 교육을 하고 있는 것 같다.

문부과학성은 국제사회에 대한 허세 탓인지 PISA(만15세 학생을 대상으로 한 OECD 국제학업성취도평가) 평가점수에 일희일비한다. 그러나 PISA가 지향하는 것은, 각국의 아이들이 장차 생활에 필요한 지식과 기술을 어느 정도 익혔는지, 또 그 지식과 경험을 활용해 생활에서 일어나는 문제들을 어떻게 적극적으로 해결하는지, 그 능력을 측정하려는 것이다. 사회인의 관점에서 말하자면 사회 속에서 살아가는 데 도움이 되고, 자신과 사회의 관계를 적극적으로 관련지으며, 사회를 개선하는 데 자신의 능력을 발휘할 수 있는지 여부를 따지는 것이다.

PISA는 말한다. "문해文解능력은 단순히 어린이가 저학년 때 습득하는 능력이 아니다. 개인이 다양한 상황 속에서, 또 주위 사람들과의 상호작용 속에서 지식과 방책을 조합하여 진보해가는 능력이다.

따라서 그 능력은 평생에 걸쳐 지속적으로 형성되는 것이다."

안드레아스 슐라이허$^{Andreas\ Schleicher}$(OECD사무총장 교육정책특별고문)에 따르면, 얄궂게도 본래 PISA점수가 좋은 학교란 일본과는 반대 방향을 취하는 학교다. 그는 다음과 같이 말한다. 좀 길지만 인용해보자.

"과거에는 다양한 개성의 학생들이 똑같은 교육을 받아왔다. 그러나 지금은 다양성이 필요하고, 다양성 있는 교수법이 필요하다. 과거의 목표란 표준화·균일화된 것이었지만, 지금은 아이들 각자의 개성과 재능을 알아내고 그에 맞는 교육을 하는 것이 중요해졌다. 다양성을 존중하는 사회라야 더 큰 잠재력을 가질 수 있으며, 경제를 발전시키기 위해서도 다양성의 가치가 필수적이다.

장차 아이들이 일하기 위해서는 기능과 숙련이 필요한데, 지금은 단순작업이 중요하게 요구되지 않는다. 그보다는 상호작용적인 작업, 다양한 사람들과 관계를 맺으며 공동으로 작업할 수 있고 협력할 수 있는 능력이 요청된다. 이것은 인생에서 필요한 것과 마찬가지다. 학교를 나오면 바깥 세상은 더욱 복잡하다. 충돌과 대립을 어떻게 관리해갈지, 다른 가치관을 지닌 문화에 어떻게 대응해갈지가 관건이다. 지금까지 학교에서는 문제를 작은 부분으로 쪼개고, 아이들에게 그 작은 문제를 해결하는 방법을 가르쳐왔다. 그러나 21세기에는 다양한 분야의 다양한 지식을 쌓고, 그 지식을 종합해서 문제를 해결하는 힘이 필요하다. 무엇이 필요하고 무엇

이 필요하지 않은지 정보를 가려내고, 자신과 어떤 관련이 있는지를 가려
내는 기술이 필요한 것이다.

21세기의 중요한 테마는 평등이다. 질도 높고 평등성이 높은 나라가
여럿 있다. 일본은 평등성의 도전을 받고 있다. 어떻게 해야 나쁜 학교를
좋은 학교로 바꿀 수 있을까? 상하이는 교육 수준을 두드러지게 개선했
다. 그것은 좋은 학교와 나쁜 학교를 조합하여 좋은 학교가 나쁜 학교를
지원한 결과다. 또 가장 열악한 학교에 가장 좋은 교사를 집어넣었다. 그
결과 격차가 사라졌다. 일본에서는 평판이 나쁜 학교는 폐교한다는 차터
제[charter system]*가 제안되었다.

일본은 독서 시간이 OECD 평균보다도 훨씬 짧다. 학생과 교사의 관계
역시 실제로 교사가 학생 한 사람 한 사람의 질문을 잘 들어주고 있는지
와 같은, 수치로 나타낼 수 없고 눈에 보이지 않는 부분에서의 성과가 21
세기에는 중요하다.

교육에 대한 몇 가지 지침이 있다. 먼저 사회의 가치관. 모든 아이들에
게 학습의 기회를 부여하고, 아이들 각각에 대한 지원을 할 것. 교육이 평
등통합형 제도일 것. 질 높은 교사가 없으면 질 높은 교육을 할 수 없다.

....

* "차터스쿨(Charter School)은 미국에서 1990년대부터 증가하고 있는 새로운 학교 실
험으로, 차터라 불리는 특별인가 또는 달성목표 계약에 의해 인가된 학교이다. 학부형, 지역주
민, 교사, 시민활동가 등이 그 학교의 특징과 학교설립 후 도달목표를 정해 설립신청을 한다. 인
가될 경우 공적 자금지원을 받아 학교가 설립된다. 운영은 설립신청을 한 민간 그룹이 맡는다.
그런 의미에서 공설(公設)민간운영학교다. 다만 정해진 연한 내에 목표달성이나 취학아동이 모
이지 않을 때에는 폐교된다. 그 경우 부채는 운영자가 진다." (위키피디아 일본)

좋은 교사를 끌어들일 환경이 필요한 것이다. 협력형 작업환경에서는 교사가 되고 싶은 희망자가 많다고 한다. 어디가 매력인가 하면, 지속적인 훈련으로 전문직으로서의 기능이 길러지기 때문이라고 한다. 이를 위해 교사는 공동연구를 하기도 한다. 교사는 가르치는 일뿐만 아니라 연구자로서의 자질을 키우는 지적으로 매력 있는 직업이다.

뿐만 아니라 교사들끼리 수평적인 교류를 하며, 수직적이지 않은 횡적 관계를 맺고 있다. 학교와 교사의 재량권이 클수록 좋은 성적을 올린다. 자립성을 더 많이 갖게 된 교사가 항상 교류를 하면서 지역에 책임을 다한다. 전에는 중앙에서 지시가 내려졌지만, 지금은 학교가 주체적인 주도권을 갖고 있으며, 학교에서 일하는 사람이 학교 주도의 개혁을 하고 있다."(『PISA로 본 21세기 교육』, 교이쿠소켄國民教育文化總合研究所. 번역문을 바꾸고 대폭 정리 요약했다.)

이와 같은 PISA의 분석을 보더라도, 일본의 교육은 아이들이 학교를 졸업한 후 사회와 발전적으로 접속하는 데 그다지 도움이 안 되는 교육이라고 상상할 수 있다.

⋮ 자기 머리로 생각하는 교육　　　　　　　⋮

사회성은 경험을 통해서만 확실한 자기 것이 된다. 지식은 경험을 질서 있게 정돈하고, 경험은 지식에 대한 관점을 제공한다. 아무리

지식만 가르친다 한들 사회성을 기를 수는 없다. 일본 교육의 약점은 여기에 있다.

아이들에게 학교가 함께 배우고 행동하는 장이라고 한다면 교사가 먼저 사회성을 가져야 하지만, 일본의 대다수 교사는 학교라는 폐쇄사회에 갇혀 회의와 서류정리에 눈코 뜰 새 없고 획일적인 규칙에 얽매인 채 지쳐버려 개성과 창의성을 발휘할 수 없게 되었다. 교사부터 사회성이 허용되지 않는 것이다.

일본의 학교교육은 교사나 학생이나 학교에 매어 있는 시간이 너무 길다. 교사가 바깥세상과 교류하여 신선한 자극을 받고 풍부한 경험을 넓히는 것이 바람직한데도 그러지 못한다. 아이들 역시 학력을 올린다는 이유로 긴 수업시간을 견디고 있으며, 그만큼 PISA에서 우수한 수준에 있는 북유럽 국가나 유럽에 비해 학교 밖에서 자유로운 경험을 쌓을 시간이 적다. 방과 후에 많은 아이들이 보습학원이나 입시학원이라는 또 하나의 학교에 다니기 때문에 더더욱 풍부한 경험을 쌓는 일이 불가능해졌다.

UN아동권리위원회는 거듭해서 일본 아동의 인권을 경고하고 있다. 일본 사회의 지나치게 경쟁적인 환경이 아이들에게 큰 스트레스가 되어 집단 따돌림이나 등교거부, 학교 기피로 이어지는 건 아닐까? 또 학교에서는 지도보다 관리에 중점을 두고, 권리와 자립보다 순종과 의무에, 창조성보다 협조성에 중점을 두는 건 아닐까? 게다가 학교 교과수업 및 활동이 너무 많아 여가나 레크리에이션 활동,

문화교육시설을 충분히 이용할 수 없는 건 아닐까? 이들은 이러한 우려를 나타낸다.

UN아동권리위원회의 지적은 일본의 어린이가 사회인이 되기 어려운 원인을 꿰뚫고 있다고 할 수 있다. 이는 아이들뿐 아니라 교사에게도 해당하는 말이다. 일장기와 기미가요를 강제하는 데 저토록 기를 쓰는 진짜 이유는, 교사가 위에서 정한 대로 순종할 것을 바라기 때문이다.

자기 머리로 생각하고, 자신의 감성으로 파악하고, 이미 익힌 지식과 서로 호응시키면서, 자발적인 행동을 통해 사회에 적극적으로 관여하는 인간이 되는 데에는 관리와 주입식 교육은 전혀 도움이 되지 않는다. 그 성과도 아직 명확하지 않은 상황에서 종합학습*이 줄어든 것은 매우 유감스럽다. 대도시와는 달리 지역사회에서는 이 종합학습이 큰 성과를 올리고 있다고 한다.

나는 베를린의 초등학교에서 '우리 마을'이라는 이름의 사회과 수업을 참관한 적이 있다. 아이들이 자기가 사는 마을에서 가장 관심

....

* 総合的な学習の時間. "학생이 자발적으로 횡단적·종합적인 과제 학습을 하는 시간이다. 2000년부터 단계적으로 시작되었다. 이 시간은 국제화·정보화를 비롯한 사회변화를 토대로 아이들 스스로 학습하고 스스로 생각하는 힘 등 전인적인 생활력 육성을 목표로, 교과의 틀을 넘어 횡단적·종합적 학습을 하기 위해 생겨났다. 체험학습이나 문제해결 학습 중시, 학교·가정·지역의 연대를 내건다는 점이 특징이다. 내용으로서는 국제이해, 정보, 환경, 복지·건강 등이 예시되고 있다. 한편 이 수업은 기초지식을 경시해서 학력저하로 이어진다는 비판도 있어서 현재는 수업시간이 줄어들고 있다." (위키피디아 일본)

이 있는 주제를 스스로 선택하고, 두세 명이 모둠을 만들어 조사하고 발견한 결과를 서로 나누는 수업이었다. 터키인에게 호기심을 가진 세 명의 아이는 곧장 터키인이 운영하는 케밥 레스토랑으로 달려가 터키인의 음식과 조리방법과 풍습을 배우고, 터키 요리를 먹고, 그들이 사는 아파트에 가서 가정생활을 취재했다. 그러고는 모스크[이슬람사원]에 가서 기독교와는 다른 이슬람 종교와도 접했다. 이슬람의 생활습관, 복장, 부모 자식 관계도 독일인과는 많이 다르다. 아버지가 일방적으로 명령하고, 말을 듣지 않으면 종종 때리기도 한다. 하지만 모스크에 가면 경건한 기도를 올리며 신앙심도 깊다. 터키인들의 시장에서는 독일인이 운영하는 시장보다도 야채가 가지런하고 빛깔도 곱게 진열되어 있다. 아이들도 부모의 일을 곧잘 돕는다. 왜 독일에 왔는지, 태어난 고향 이야기도 듣는다. 자신들의 탐구심을 충족시킬 때까지 철저하게 조사한다. 자발적인 의욕이 없으면 그렇게까지는 조사할 수 없을 것이다.

보고방법도 연구를 거듭한다. 커다란 종이에 그래프며 항목들을 깔끔하게 적어넣고, 스카프 두르는 법을 시연하기도 하며, 터키어 알파벳 설명도 곁들인다. 마지막으로 "우리는 터키인이 이 마을에 있는 것이 매우 좋아요. 낯선 나라의 문화를 접할 수 있고 몰랐던 것들을 많이 배울 수 있기 때문이죠"라고 결론을 맺는다. 그 행동력과 생생하고 자유로운 호기심, 아무런 편견 없이 집안에까지 들어가는 순수함, 자신의 생각과 주장을 당당히 발표하는 것을 보면서 이미 사회인의 기초가 형성되었다고 느꼈다. 이러한 현장연구의 경우, 학교도 아침부터 급식을 운영해서 모둠 구성원들끼리 꼼꼼한 상담·토론·조사 준비를 할 수 있도록 배려하고 다른 수업을 쉽게 해준다.

중학생이 되면 한 달 동안 학교를 쉬면서 각자가 좋아하는 직장에서 일해보는 수업이 있다. 어른이 되었을 때 어떤 직업을 선택할지, 지금 공부하고 있는 것이 장래에 도움이 되는지를 생각해볼 기회가 된다.

사회과 수업에서는 각 정당의 대표자를 학교로 부르기도 한다. 먼저 그들이 자기 정당의 정책을 설명하면 학생들의 질문이 시작된다. 예를 들어 어른들의 실업문제나 주택문제, 스포츠시설이나 박물관, 신문에서 본 정당의 스캔들, EU와 각국 시민과의 관계, 세금과 마을예산…… 끝없이 이어지는 질문에 정치가들은 다시 한 번 날을 잡아 학교에 오기로 했다. 정치문제를 학교에 들여오는 것을 허용하지 않는 일본과는 사뭇 다른 풍경이다.

또 교도소에서 장기 복역하는 사람을 불러서 왜 범죄를 저질렀는지, 복역 중의 생활이나 지금 생각하고 있는 것을 말해달라고 해서 질문과 토론을 펼친다. 나치 시절에 수용소에 잡혀간 사람의 이야기도 청해 듣는다. 여기서도 사회인이 되기 위한 기본이 교육 속에 있음을 느낀다.

내가 방문했을 때는 마침 이라크 전쟁이 한창이어서, 베를린의 초등학생들은 어떻게 하면 전쟁을 멈추게 할 수 있을지 토론하고 있었다. 전쟁을 원하지 않는 많은 사람들이 목숨을 잃는 것보다, 부시와 후세인이 모두가 보는 앞에서 일대일 승부를 벌이면 어떨까 하는 제안에 많은 아이들이 박수를 쳤다. 그날은 데모에 참가하고 싶다고 말하는 아이도 있었다. 교사는 어른들 틈에 섞여 데모를 하기에는 거리도 속도도 어린이에게는 맞지 않으니, 예전부터 독일에 있던 민중의 항의 표현인 촛불을 들고 서 있는 방법을 데모 대신에 해보면 어떨까라고 제안했다. 그날 밤은 희망자만 교문 앞에 모여서 20분 정도 그 항의행동을 했다고 한다.

베를린 시가 낡은 아파트를 철거하려 하자, 이에 항의해 돌을 던지며 싸우는 시민들의 행동을 제 눈으로 직접 보기 위해서 고등학교 교사가 수업을 일시 중단하고 학생들을 인솔해 현장에 데려갔던 적도 있다. 학생들은 직접 자기 눈으로 본 소감을 말하면서 왜 그런 일이 일어났는지, 주민의 대응은 올바른지, 주민은 무엇을 바랐는지를 학급 전원이 함께 토론했다.

그 사건은 베를린 시가 창립 100주년을 기념해 시 기념제전에 외국의 주요 인사들을 초청하게 되면서, 도시 미관상 좋지 않은 낡은 아파트를 철거하고 주민들을 새 아파트로 이주시키려는 계획을 실행하려던 데서 비롯되었다. 주민들은 자기의 주거환경은 스스로 결정한다는 주민자치 전통을 주장하며, 시 당국이 멋대로 철거하지 못하도록 항의행동을 일으킨 것이다. 아파트를 철거하러 온 트럭에 주민들이 돌을 던져서 부상자도 나왔다. 결국은 베를린 시가 주민들에

나는 사회인으로 산다

게 초장기 할부로 자금을 빌려주고, 주민들이 모여 전문가들과 함께 마을 만들기와 아파트 설계에도 참여해 스스로 근사하고 독창적인 단지를 만들었다. 그곳은 노동자와 학생과 터키인이 많은 마을인데, 역 앞에는 어린이집과 도서관도 생겼다. 도서관에는 터키인을 위한 터키어 도서카드도 비치되어 명실상부 '우리 마을'이 되었다. 고교생들은 그 상황을 살아 있는 교재로 삼아서 학습하고 토론하며, 사회와 자신의 앞길을 생각했던 것이다.

: 민주주의의 기초

일본의 학교 수업방식은 특이하다. 교사가 질문하면 학생이 교사에게 대답하고, 교사가 정답인지 아닌지 판정한다. 만약에 학생이 궁금한 점을 교사에게 물으면 교사가 정답을 가르쳐준다. 유럽 몇 개 나라의 수업을 견학했는데, 거기서는 학생이 질문하거나 대답하면 우선 학생들끼리 활발한 토론이 이어지고, 교사는 그것을 곁에서 듣고 있다가 특별히 빠진 논점이 있으면 그 점에 주의를 기울이게 한다. 다시 말해 교사와 학생이 수직적인 관계에서 일대일로 주고받는 것이 아니라, 동료들과의 수평적인 토론 속에서 타인이 가진 새로운 생각을 접하고 의견을 견줘보며, 풍부하고 다양한 토론 속에서 자신의 정답을 찾으려 한다. 교사를 이름으로 부르는 학급도 있다. ○○ 선생님이라는 호칭밖에 모르던 나는 처음에 깜짝 놀랐다.

이러한 바탕이 있기 때문에, 2장에서 소개한 계획세포제도처럼, 시민들이 상호 토론으로 생각을 정리하고, 제안하고, 해결책을 찾는 토의민주주의도 가능하다는 것을 납득했다. 토론의 규칙은 서로 상대를 꺾기 위해 토론하는 게 아니라는 점이다. 충분한 토의와 다양한 의견교류 속에서 풍부한 사고가 배양되고, 그로부터 정당한 결론을 찾아내는 것이 토론의 목적이다. 일본에서 자주 보고 듣는 것처럼, 표면적으로 한 명당 3~5분의 의견을 듣고 다수결로 간단히 결정해버리는 방법은 민주주의라고 할 수 없다. 토의가 아니라 '어전회의御前會議'라고 불리는 이유다. 이미 결론이 나 있어 회의를 하더라도 무엇 하나 바뀌지 않는 회의도 있다. 일본에서는 민주주의의 기본원리인 토론하는 힘, 토론 속에서 진실을 발견하는 방법을 배우는 것이 학교교육의 중점이 되지 못한다.

독일에서는 사회에 진출해, 만약 일터에서 문제에 부딪혀 사회적인 해결방법이 절실할 경우, 곧장 노사쟁의에 들어가지 않는다. 기업에는 직장평의회Betriebsrat라는 노동자의 의문점이나 고충을 듣는 중립적인 조직이 있어서, 근무시간 중에도 그곳에 가서 상담할 수 있다. 직장평의회는 고충 처리에 관하여 조언을 한다. 그것이 만약 노동자의 권리를 침해한 경우는 기업에 충고하고, 그것이 받아들여지지 않으면 파업으로 노동자의 권리를 지킬 권한을 갖고 있다. 거기서는 개인적 해결이 아니라 더 넓은 시야에서 사회적 해결방법을 배울 수 있다. 일본이라면 노동자 스스로 자기와는 안 맞는 직장이라며 포기하고 퇴직해버리는 경우가 많을 것이다. 회사에 고충을 말하면 돌아오는 대답은 십중팔구 이런 식이다. "직장이 마음에 들지 않으면 언제라도 그만둬. 대신할 사람은 얼마든지 있으니까."

시민 측에서도, 예컨대 독일실업자연맹^ALV: Arbeitslosen Verband 이 생긴 것도, 같은 아파트에 사는 청년들의 실업을 걱정한 주민들이 청년들에게 말을 걸고, 식사에 초대하기도 하고, 컴퓨터 사용법을 가르치던 것이 눈 깜짝할 새에 이웃 아파트의 실업자와 사회 전체로 퍼져 실업자를 돕는 기금이 만들어졌기 때문이라고 한다. ALV는 노조 건물을 공짜로 빌려서 회의를 한다. 나도 참가해보았는데, 아무 관계도 없는 노조 사람이 나와서 커피와 케이크까지 준비해 실업자를 격려하는 배려가, 일본인인 나에게는 무척 인상 깊었다.

후쿠오카 현 기타규슈 시에 살던 한 남성은 생활보호를 받지 못하고 생활고에 시달린 끝에 굶어죽었는데, 주먹밥이 먹고 싶다는 말을 노트에 남겼다고 한다. 그는 수도도 전기도 끊겨서 인근 공원에서 주전자로 수돗물을 길어왔다고 한다. 그걸 보고도 누구 한 사람 말을 걸지 않았던 걸까? 그를 대신해 복지사무소에 사정을 설명하고 목숨을 건져줄 조력자가 없었던 걸까? 앞서 두 어린아이가 굶어죽은 것과 마찬가지로, 사회인의 관점을 온전히 갖지 못한 사회의 비극을 떠올린다.

나치 시절에 유대인과 나치에 비판적인 사람들을 가둔 라벤스브뤼크^Ravensbrück 라는 수용소가 있다. 당시의 수용소는 오늘날 기념관이 되었는데, 그 부근에 대형슈퍼가 세워지려 하자 사람들은 수용소의 환경과 어울리지 않는다며 항의집회를 열었다. 반대운동이 커진 결과, 그 땅은 결국 공적으로 매입되고 슈퍼는 건설되지 않았다. 이런 어른들의 운동을 지켜본 청소년들은 찬반 여부를 떠나서 틀림없이 사회와 개인의 모습을 생각했을 것이다.

시민교육 실험

서구에서는 좋은 사회인이 되기 위한 시민[citizenship]교육이 학교교육에 도입되었다. 특히 영국에서는 2002년부터 시민교육이 법률로 필수화되었다. 스기모토 아쓰오[杉本厚夫] · 다카노리 히데아키[高乘秀明] · 미즈야마 미쓰하루[水山光春]는 『교육의 3C시대: 영국에서 배우는 교양, 경력, 시민교육』이라는 책에서 영국의 시민교육을 일본과 대비하며 그 의의와 실제를 소개하고 있는데, 내 견해와 함께 요점을 소개하고자 한다.

영국의 정치학자 버나드 크릭[Bernard Crick]은 1998년에 「시민의식을 위한 교육과 학교에서의 민주주의 지도: 시민교육 교과를 위한 자문위원회 최종보고」(소위 '크릭 보고')를 제출했다. 사회와 국가에 대한 젊은이들의 희박한 관심, 시민이라는 이념에 대한 낮은 자부심을 걱정한 것이 보고서를 제출하게 된 배경이었다. 당시 블레어 총리는 개인의 자립을 지원하는 교육과 지역사회 재생을 연결하고, 공동체

구성원으로서의 자질 및 공공선 촉진을 기대하며, 시민교육을 정책의 최우선순위에 올려놓았다. 그런데 이것은 일장기와 기미가요를 강제하는 식의 획일적인 정책과는 다르다. 시민교육을 어떻게 할지는 전부 학교에 맡겼기 때문이다.

크릭 보고는 "참여민주주의의 본질과 실행에 필요한 지식, 기능, 가치를 확실하게 만들고 증대시킬 것", "아이들이 활동적인 시민으로 성장하는 데 필요한 권리와 의무, 책임감에 대한 자각을 향상시킬 것"을 명확한 목적으로 강조하고 있다. 시민교육의 목표를 '참여민주주의'의 신장이라고 명확히 한 점이 크릭 보고의 특징이다.

이 크릭 보고에서 지향하고 있는 것이 내가 유럽에서 본 사회과교육 그 자체였기 때문에, 이름은 달라도 시민교육이 EU에 공통적인 보편성 있는 교육이 되고 있음을 실감했다. 그것은 당연하다고 할 수 있다. 민주주의는 시민의 끊임없는 관심과 직접참여가 있어야 비로소 만들어지는 것이고, 그중에서도 시민의 적극적이고 비판적인 활동이 있어야 비로소 그 결점을 보완·개선하여 민주주의 정치사회가 실현되기 때문이다. 그것이 없으면 민주주의는 시들어버린다. 여위고 메말라 고갈되지 않게 하려면 교육이 의도적으로 아이들에게 사회참여와 적극적인 활동의 의미를 "깨닫도록 해주어야" 한다.

'2000년판 전국 커리큘럼·시민교육'은 영국에서 2002년 8월부터 실시되었다. 일본의 종합학습에 가깝지만 법적 구속력이 있는 필수과목으로서, 다른 교과와 마찬가지로 학과시험이 있다. "시민으로서의 활동적인 역할을 다할 준비", "사람들 사이에 우호적인 인간 관계를 촉진하고 사람들의 차이를 존중"하는 것이 중요한 교육목적으로 강조되고 있다.

일본에서는 사회상황과 교육 양 측면에서, 서류상으로만이 아닌 '사회와 자신과의 관계'가 지워져버렸다. 그 때문에 사회인이 될 때의 불안도 크고, 또 사회에 나가서 어떻게 대응할지 크게 당황하는 것도 당연하지 않을까? "젊은이들에게 사회란 단지 자기와 마음을 터놓을 수 있는 동료들이 공유하는 공간이 전부이고, 동료 이외에는 모두가 풍경"이라고 하는 말처럼, 청소년들은 사회와 마주할 관심조차 없는 건 아닐까? 그리고 선거에는 기권하거나 말솜씨만 번드르르하고 아이돌 흉내나 내는 가짜 영웅에게 투표해서 도리어 자기 목을 조르는 결과를 초래하는 건 아닐까?

중앙교육심의회 답신(2003년 3월 20일)에 따르면 "사람은 혼자 독립해서 살아갈 수 있는 존재가 아니라, 개인이 모여 '공공公共'을 형성함으로써 살아갈 수 있는 존재다. 이 점을 근거로, 21세기의 국가·사회 형성에 주체적으로 참여하는 일본인을 육성하기 위해 정치와 사회에 관한 풍부한 지식과 판단력, 비판정신을 갖고 스스로 생각해서 공공에 참여하고……"라 되어 있지만, 현실의 교육에는 전혀 반영되고 있지 않다. 크릭이 말한 것처럼, 민주주의는 "지식을 아는 것"만으로는 민주주의의 실체에 아무런 영향도 주지 못한다. 민주주의를 지키기 위해서는 민주주의를 만드는 일이 필요하다.

앞서 말한 『교육의 3C시대』의 저자 스기모토 씨는, 영국의 시민교육이란 우선 개인의 자존의식과 교양을 견실하게 높이는 것이고, 그럼으로써 사회에 나와서도 사회상황을 정확히 판단하고, 선량한 사회인으로서 인간관계를 쌓으며, 평생에 걸쳐 의미 있게 사회참여할 수 있도록 하는 것이라고 이야기한다.

분명 자신의 가치에 눈뜨고 자기를 긍정하는 자존의식이 없으면, 사회에 적극적으로 참여할 의욕을 갖기는 어렵다. 이 책의 서두에서 말한 것처럼, 자기긍정감이 희박하고 자기 자신을 좋아한다고 할 수 없는 일본의 많은 젊은이들은 그 출발점에서부터 사회인이 되기 어려운 것이다. 항상 타인과 비교되고, 타인의 평가를 통해 자신을 평가하는 일본의 교육환경에서는 자존의식이 길러지기 어렵다. "취직 못 하는 것도 모두 내 탓이에요"라는 젊은이들의 생각은 희박한 자기긍정감과 사회인이 되기 어려운 원인을 비춰주고 있다.

예를 들어 일본에서는 스포츠 승부에 크게 집착하는데, 영국의 시민교육에서는 페어플레이에 높은 가치를 둔다. 승자는 패자를 칭찬하고, 패자는 승자를 칭찬한다. 만약 승자만 칭송받는다면, 최종적으로 우승한 한 팀 혹은 한 사람만이 가치 있게 된다. 그러나 가치는 다면적인 것이다. 예컨대 뜀틀을 넘을 때 여러 단을 쌓아올려 난이도가 높은 도약을 한 학생만 우수하다고 평가하는 사고방식이 아니라, 자기에게 가장 알맞은 또는 가장 아름답게 뛰어넘을 수 있는 것은 몇 단인지를 각자 자기에 맞게 찾아내는 데 중점을 둔다. 또 친한

또래들 안에서만 친구를 사귀는 것이 아니라, 낯선 사람들 속에 들어가서 친구를 만들 수 있는 교양을 기른다고 한다.

일본처럼 교육이 취직을 위한 실리를 목적으로 하면, 평생에 걸쳐 자신을 키우고 자기의 자산이 될 교양의 가치와 중요성을 자각하지 못하고, 뭔가 쓸모없는 것처럼 생각되어 버리지 않을까?

∶ 무엇을 위한 교육인가

『교육의 3C시대』에 소개된 시민의식 학습 프로그램에서는 '미디어의 사회적 역할', '토론에서 근거를 정당화하는 법', '교섭하고 결정하고 책임을 다하는 기술' 등이 다루어진다. 나는 '참여 과정 돌아보기'와 '개인적 의견의 근거 짓기', '분쟁을 해결할 필요성'에 흥미를 느꼈다.

어른이 됐을 때 적극적인 사회참여를 방해하는 것은 무엇일까?

정보, 신뢰, 빈곤, 차별 등의 문제를 일반론이 아니라 개인 차원에서 생각하고 토론하며 의견을 형성하는 것이 시민교육에서 중요하다고 본다. 교육의 장에서도 개인적 경험으로 끌어내려 토론하면, 일상생활의 많은 장면에서 시민의식이 중요하다는 것을 아이들도 잘 이해할 수 있기 때문이다.

일본인 학생의 대답에는 '모른다'는 응답이 무척 많다. 정직하다고도 할 수 있겠지만, 또한 현실은 그렇게 간단히 '예 · 아니오'로 명

쾌하게 결론 낼 수 없는 것도 사실이겠지만, 모른다면 어째서 더 알려고 노력하지 않느냐는 생각이 든다. 언젠가 대학에서 토론할 때 한 학생이 "잘 모르겠습니다"라고 대답했다. 사회자가 "왜 모르죠? 그 이유를 말해주세요"라며 날카롭게 추궁하자, 그 학생은 "그냥 생각하는 게 귀찮아서"라고 고백했다.

민주주의를 지탱하는 자유에는 사회에 참여하는 적극적인 자유와, 권력에 침해당하지 않는 영역을 확보하려는 소극적인 자유가 있다. 중요한 것은, 소극적인 자유를 지키기 위해서는 적극적인 자유가 필요하다는 사실이다. 크릭이 시민교육의 목적을 "아이들이 활동적인 시민으로 성장하는 것"과 "참여민주주의 신장"에 두고 있는 것은 참으로 맞는 말이다.

또 하나 주목하고 싶은 것은, 『교육의 3C시대』에서 미즈야마 씨가 소개한 시민교육협회라는 존재다. 협회는 학교교육에서 활동적인 시민교육에 참여하는 학생들의 파트너로서, 교사를 거치지 않고 직접 학생들의 활동에 협력한다. 예를 들어 시민교육협회의 프로젝트 리더와 학생회 임원이 그 지역의 공원 정비에 어느 정도 예산을 쓸지를 협의한다. 공원정비계획 자체는 시청 공원과가 만들지만, 그것을 학생회가 검토하고 새로운 아이디어를 냄으로써 학생회도 약간의 장려금을 받을 수 있다. 독일의 프라이부르크도 비슷한데, 고교생이 태양광 패널을 학교 옥상에 설치해서 전기요금을 절약하게 되면 그 액수만큼 장려금으로 지급되는 제도가 있다.

시민교육이 왕성한 학교는 그만큼 학생회 활동도 활발하다고 미즈야마 씨는 말한다. 일본의 교육을 돌아보면, 식견이 있는 시민·적극적인 시민의식·참여민주주의를 이념으로 하는 영국의 교육과는 달리, 일본에서는 학습지도요령이 이념을 대신한다. 교사는 매시간 그 학습지도요령을 소화하는 데 급급해 보인다.

　크릭의 말처럼, 민주주의는 충분히 단련하여 완성해가는 것이다. 민주주의 실현을 위해서는 그 수단으로서 토론과 의사결정이 중요하다. 이러한 사고방식은 다수결로 정해진 규칙을 지키는 것이 민주주의라고 가르치는 일본과는 본질적으로 다르다. 일본의 교육에서 공적인 일이나 사회적인 사안은 '이해의 대상'이고 지켜야 할 규칙이며 지식으로는 들어 있어도, 거기에 적극적으로 관여하여 민주주의를 비판적으로 다시 파악하고 새로운 공공성을 만들어가는 것이 민주주의라는 관점은 부족하다. 지도요령대로 수업하는 것이 자기목적화되어, '무엇을 지향하고 무엇을 위해 하는지'라는 관점이 없다. 없다기보다도 그것은 문부과학성이 결정해서 위로부터 내려오는 것이다. 민주주의 교육이념을 제 손으로 만들어내지 못한 사회에서는 끊임없이 비판적으로 다시 파악하고 대안까지 내놓으려는 시도가 없다. "일본의 사회과 수업은 지적인 사회인식에 그치고, 도덕은 개인적인 가치판단에 머물며, 특별활동은 자원봉사활동에 그친다. 일본의 교육으로는 사회인으로서의 적극적인 관점도, 참가활동의 기초도 쌓이지 않는다"(『교육의 3C시대』).

인터넷과 블로그를 통해 널리 사회에 대한 정보를 접하는 것 같아도, 의욕적이고 자발적인 경험이나 참가활동이 없으면 사회라는 말은 그저 지어낸 이야기일 뿐이다.

: 인간다운 매일을 살아가다

종종 찾아가는 베를린의 직업훈련소 중 한 곳을 2009년에 다시 한 번 방문했다. 다양한 형태의 수많은 훈련소가 있는 가운데, 그곳은 가벼운 지적 장애가 있고 생활보호를 받고 있는 사람들의 거점이다. 사회성을 잃지 않게 하는 것을 최우선의 목적으로 해서, 훈련소가 그들이 머물 곳이 되도록 만들어놓았다. 다양한 사람들이 모여드는데, 무척 즐거운 듯이 컴퓨터를 활용하여 회계처리 실무를 배우는 사람도 있고, 그곳에 모인 사람들을 위해 점심식사용 샌드위치를 만드는 사람도 있다. 육아 상담을 하는 사람도 있고, 뭔가 자격을 따기 위해 공부하는 사람도 있다. 여기에 모이는 것은 모두에게 즐거운 일이고, 사회로 향하는 창이 된다고 한다.

그들이 사회에서 격리되지 않도록, 사회적인 의의가 있는 장소에서 일하도록 돕기도 한다. 이를 위해 한 사람 한 사람의 개성에 맞춘 돌봄 계획이 마련된다. 일본에서는 공적인 돌봄을 받을 때 먼저 케어매니저가 개개인의 돌봄 계획을 짠다. 그와 마찬가지로 독일에서도 케어매니저가 직업훈련소에 찾아온 한 사람 한 사람에게 교육이나 직업훈련, 생활기술 등 본인이 하고 싶고 필요한 것에 대하여 생활전반의 프로그램을 작성해준다.

훈련소장은 변호사 자격이 있는 여성이었는데, 정말 확고한 가치관과 식견을 가진 사람이었다. 그들이 사회에서 이탈되지 않도록, 인간으로서 살아갈 수 있도록 다양한 배려를 한다. 예를 들어 재활용 매장의 점원으로 일하면서 다양한 사람들과 만나 대화할 수 있도록 하거나, 유기재배 바이오 야채와 화초 재배를 돕게 하는 등 사회성 있는 일이 선정되며, 기계적인 설거지나 청소 같은 일은 없었다. 생활보호를 받고 있어서 아르바이트 시급은 고작 150엔 정도지만, 사회 경험을 넓히는 연수라고 받아들여져 그 수입이 생활보호비에서 차감되지는 않는다. 만약 하루 5시간 일하면 생활보호비에 보태서 그날의 식비 정도는 된다. 그것은 강제도 아니고 수입을 위해서도 아니며, 사회와의 접점을 잃지 않기 위해서기 때문에 일하고 싶지 않으면 안 해도 된다. 하지만 사회 속에서 인간관계가 넓어지는 그런 직장은 기꺼이 활용되고 있는 것 같았다.

보통사람의 경우 일이 끝나면 다른 사람들과 어울릴 시간과 장소가 있다. 하지만 장애인에게는 직장이 사람들과 만나는 귀중한 장소이기 때문에, 다양한 사람과 만날 수 있는 직장을 고른다는 것이다. "사회에서 이탈된다는 것은 인간에게는 죽음을 의미한다"고 소장은 말했다.

모든 사람에게는 항상 사회 속에 있는 것, 좋은 사회인으로서의

나는 사회인으로 산다 ·:·

경험을 쌓는 것, 자기에게 맞는 직업을 발견하고 기술을 익히고자 하는 '의욕'을 기르는 것, 직업을 위해서만이 아니라 사람들과 만나고 인간으로서 성장할 수 있는 즐거움이 필요하다는 말이었다.

또 다른 실업자 직업훈련소에서는 가구 도장기술을 실습하고 있었다. 이곳에서는 학교 책상과 의자가 새 것과 다름없이 되살아난다. 새 것이 더 싸다는 것은 알고 있지만, 낡은 가구를 소중히 사용하는 습관이 독일과 영국에는 있기 때문에 도장기술은 탄탄한 수요가 있을 것이다. 하지만 이처럼 새 것과 다름없이 말끔히 수리되고 칠이 입혀진 교실 책상과 의자는 개발도상국을 지원하기 위해 보내진다고 한다.

훈련생에게는 공적으로 훈련수당과 생활비가 지급되지만, 그 직업훈련학교에서는 고용계약제도를 채택해서 노동법규와 계약에 대하여 배우고, 훈련기간이 끝나면 실업보험이 붙게 되어 있다. 훈련생은 그곳에 오면 함께 일하는 동료가 있고 사회의 다양한 정보를 얻을 수 있다며 기뻐한다. 학교를 졸업하면 친구를 만들기 힘든 청년들도 거기서 동료와 만날 수 있다는 것이 큰 즐거움이라고 했다.

개개인이 먼저 자신의 요구를 갖고 자주적으로 움직이는 것이 필요하고, 그 요구가 이루어질 수 있도록 공적 기관도 동료들도 나서서 도와준다. "이 나라에서는 도와달라고 말하면 그냥 내버려두는 일은 없다"는 말을 몇 번이나 들었던가.

그러나 "도와달라"고 하는 것은 자기가 요구를 갖고 목소리를 낸다는 것이다. 자기가 먼저 능동적으로 요구하지 않으면 아무것도 해결되지 않는다. 자신을 비하하지 않고 권리로서, 자신감을 갖고 "도와달라"고, "일하고 싶다"고 말하는 게 필요하다.

"일을 찾게 되면 어떻게 할 건지" 훈련생들에게 물어봤다. "우리가 하는 일이 세계의 가난한 아이들을 돕는 일이라면 더욱 기쁘겠다"는 대답도 있었지만, "취직하면 결혼해서 아이를 낳고 따뜻한 가정을 만들고 싶다"는 대답이 가장 많았다.

도서관의 서적을 수리하는 직업훈련이나, 얼마 전까지 중소기업에서 사용된 금형 제작이나 용접기계 등을 수리·개량하는 기술도 직업훈련 수업에서 이루어지고 있으며, 여전히 그것들을 사용하는 중소기업이나 개발도상국에서 애용된다고 한다. 수리가 환영받는 사회이기에 더더욱 존속할 수 있는 직업이다. 환경정책으로서도 재활용은 가치 있는 일로 받아들여지기 때문에 훈련생은 자부심을 갖고 매진한다. 지금은 수요가 없다며 한쪽으로 치워버리는 게 아니라, 사회의 사고방식을 바꿈으로써 수요를 만들어낸다는 것도 중요한 점이다. 예전부터 있던 것을 잘 유지해가는 기술도 필요하다. 내가 일본 친구에게 그렇게 말했더니 "결국은 고령자를 돌보는 일도 그런 일이잖아"라고 했다.

: 사회를 바꾸는 일

내가 아직 대학에서 가르치던 시절, 남녀평등에 대한 토론에서 어느 여학생이 해준 이야기가 있다. 그 학생은 모자가정에서 자랐다. 모자가정에서 남들처럼 자녀를 가르치고 키우기 힘든 시절이었기 때문에, 친척들은 모두 엄마의 재혼을 권유했다. 하지만 엄마는 주위 사람들 모두 엄청나게 반대하는데도 생활보호를 받는 길을 선택했다. "아이를 위해서라며 자신을 설득하더라도, 또 아무리 가난하더라도, 사랑하지도 않는 남성과 부부가 되어 아이 일로 눈치 보면서 사는 인생은 선택하고 싶지 않다"고 엄마는 말했다고 한다.

다행히도 생활보호를 받는 동안 아이가 어느 정도 자라서, 일하러 나갈 수 있게 된 엄마는 자주 딸에게 "너는 여자이지만 반드시 학력과 기술을 익혀서 사회에 나가면 자립해서 살아갈 수 있어야 한다"라며 타일렀다고 한다. 엄마 혼자 벌어서 자녀를 대학까지 보내려면 엄청난 고생이었을 것이다. 엄마는 낮에는 가게 점원으로 일하고, 저녁에는 여기저기서 팔다 남은 닭고기를 사 모아 손질해 팔러 다녔다. 어린 나이에도 그녀는 엄마를 위해 지갑 속의 푼돈을 세어가며 저녁 장을 봐와 음식을 만들었다. 바쁘고 지친 표정의 엄마와 대화를 나눈 기억은 별로 없다고 한다. 고교입시 때도 대학입시 때도, 사전 한 권만 사겠다고 엄마한테 돈 이야기를 꺼내는 데 몇 번이고 망설였단다.

이윽고 그녀는 대학을 졸업했고, 그로부터 2~3년이 지난 어느 날, 나는 전철 안에서 그녀와 딱 마주쳤다. 영국풍의 체크무늬 치마에 베레모를 쓴 그녀는 발랄하고 아름다웠다. 그녀는 초등학교 교사가 되었다. 그 무렵 학교는 남녀차별이 가장 적은 직장으로, 일찍부터 출산·육아휴직이 인정되었고, 여성교사의 수도 많았으며, 여성 교장도 드물지 않았다.

그녀는 근황을 이야기하는 도중에 내려야 할 역이 가까웠음을 알고는 "안녕히"라는 인사 대신에, "덕분에 사회가 바뀌어서"라며 조금은 수줍은 듯이 할 말을 다 전하지 못한 채 인파 속으로 사라졌다.

"덕분에 사회가 바뀌었다"는 말은 "엄마 시대와는 달라졌다"는 의미일 것이다. 사회가 바뀌지 않으면, 학생을 사회로 내보내는 우리가 아무리 원하더라도 그들이 능력을 발휘하고 사회에 공헌하며 보람 있는 인생을 보낼 수는 없을 것이다.

사회를 바꿔가는 것은 우리의 행위이며 삶의 방식이다. 단단한 기반 위에 하나씩 하나씩 돌을 쌓아 올려가는 더딘 걸음이더라도, 한 사람 한 사람이 의식적으로 해나가지 않으면 사회는 바뀌지 않는다. 우리가 그것을 깨달으려면 어찌해야 좋을지, 전철 안에서 나는 줄곧 생각했다.

: 사회로부터 달아나는 사람들, 사회로 돌아오는 사람들 :

사회는 다양한 사람들로 이루어진다. 그렇다면 그 다양성이 다 같이 인정되고, 모든 사람들이 인간답게 보람을 느끼는 사회여야 마땅하다. 앞서 소개한 것처럼, OECD 사무총장 교육정책특별고문인 슐라이허도 앞으로 학교는 학생들의 다양성에 맞춰 개개인에 대한 교수법·교육프로그램을 마련해야 한다고 말한다.

그런 의미에서 대학이라는 곳은 연구적인 환경에 관대하고, 개인의 자주성을 존중하는 자유로운 공간이다. 어떤 면에서는 학생이 민주주의사회에 참여하는 인간으로 성장해가는 측면에는 별로 관여하지 않고, 학생의 요구가 없는 한 교육연구 이외의 문제에는 깊이 관여하지 않는 게 보통이다.

어느 여학생은 유수의 입시명문고교를 나와 대학에 입학해서 졸업논문 지도교수로 나를 선택했는데, 4학년이 되자 학교에 나오지 않는 날이 많아 졸업에 필요한 학점이 부족해졌다. 학생의 엄마는 취직할 회사가 결정되었다며 어떻게든 졸업시켜달라고 학교 측에 몇 번이나 연락해서 부탁했지만, 대학에는 나름의 규정이 있고 학점을 딸 수 있다 하더라도 졸업논문은 손도 대지 못했기 때문에, 결국 본인과 상의해서 1년 유급하게 되었다. 그녀는 학교에 나오고 싶지는 않지만 아르바이트는 싫지 않다, 오히려 적극적으로 일하는 보람이 있다고 얘기했다.

뭔가 마음의 걱정이 있는 건 아닐까 싶어 나보다 자유롭게 이야기를 들어줄 대학 보건관리센터 정신의학 여교수에게 상담을 부탁했다. 아주 좋은 선생이어서 그녀의 이야기를 잘 들어준 것 같았다. 그렇게 고민을 받아줄 곳이 없었다면 그녀는 어떻게 되었을까. 그 엄마의 말로는, 고교시절에 너무도 가혹한 경쟁환경을 따라갈 수 없어서 노이로제에 걸리거나 자살하는 아이도 있다고 했다. 경쟁사회를 헤쳐 나가려면 자식 일에 개입하는 것이 부모의 애정이라고 믿는 것 같았다. 그 마음도 이해 못 할 바는 아니다.

아무튼 1년의 유급기간 중에 학점은 딸 수 있어서 안도했지만, 중요한 졸업논문은 지지부진했다. 무엇을 연구하고 싶은지 본인도 알지 못했다. 그러던 차에 이번에는 내가 해외연수를 나가게 되었고 그 사이에 다른 교수에게 논문지도를 받아 졸업하도록 권유했다. 하지만 그녀는 1년 동안 내가 귀국하기를 기다리겠다고 했다.

결국 그녀는 3년간 유급을 한 끝에 무사히 졸업하고, 부모가 권하는 교사직이 아니라 민간기업에 근무하게 되었다. 중도에 회사를 그만두지 않고, 지금은 장하게도 고참 관리직 사원으로 일하고 있다. 결혼해서 부부가 매년 해외여행을 즐기며 그 모습을 사진에 담아 보내준다. 남들과 똑같이 졸업하지 못하면 취직할 수 없다는 통설에 휩쓸리지 않고, 본인이 모든 것을 생각하도록 자기결정권을 발휘했던 것이 다행이었다. 그 당시, 만약 사회가 지금처럼 다양성에 대한 이해와 관용을 상실했다면 그녀의 장래도 어떻게 됐을지 알 수 없다.

나는 사회인으로 산다

그밖에도 대학에 재임하는 동안, 어느 학생은 취직을 둘러싸고 자살을 시도했지만 미수에 그쳐서 다행히 목숨을 건진 적도 있고, 또 한 명은 대학원생이었는데, 신임 지도교수의 꼭 올바르다고는 할 수 없는 일방적인 지도방침 탓에 철로에 뛰어들어 자살했다. 그 일을 생각하면 지금도 안타까움을 금할 수 없다. 그 엄마에게서 걸려온 괴롭고 슬픈 전화에 따르면, 어느 날 밤 곁에서 자고 있던 자식의 얼굴을 들여다보니 어둠 속에서 눈을 부릅뜬 채 한 점을 응시하고 있었다고 한다. 그때 엄마는 자기들을 겨냥해 커다란 운석이 떨어지는 것 같은 공포감을 느꼈다고 한다. 적어도 그때 말을 걸어주었더라면 뭔가 할 수 있는 게 있었을지도 모른다는 생각에 지금도 가슴이 먹먹해진다. 생명을 받고 이 세상에 태어나서, 장차 사회에 나아가 능력을 발휘할 그 시점에 인생이 끝나버린 것이다.

⋮ 그를 구한 것도 사회였다 ⋮

그런 기분에 잠겨 있을 때, 이시이 마모루石井守가 쓴 『은둔형 외톨이, 청년의 출발』이라는 책을 읽고 많은 생각이 들었다.

"길을 열고 싶다면 눈이 보이지 않는 사람에게 물어보라"는 옛 속담이 있다. 눈이 보이는 사람은 별로 주의를 기울이지 않고 무의식적으로 길을 지나가지만, 눈이 보이지 않는 사람은 지팡이에 부딪치는 물체나 사람들의 웅성거림, 노면의 높낮이, 소리나 바람의 방향으로 하나하나 위험을 확인해가면서 목적지에 도달한다. 그래서 눈이 보이는 사람보다도 정확하게 도로나 주변 상태를 알고 있다는 의미다.

그 속담에 비유해보면, 다양성을 거부하는 사회에 적응하지 못한 사람은 사회의 결함을 가장 잘 알고 있는 이들이 아닐까? 우리 사회의 결함이 어디에 있는지, 획일적인 사회를 거부한 사람에게 물어보는 것도 중요한 일이다.

이시이 씨가 아는 어떤 청년은 대학 2학년 때부터 은둔형 외톨이가 되어 학교에 나오지 않았다. 그때까지는 우수하고 아무런 문제없던 학생이었기에 주위사람들은 그 이유를 이해할 수 없었다고 한다. 그가 은둔형 외톨이에서 벗어나 당시의 일을 되돌아본 기록을 읽어보면, 사회로부터 도망치는 사람의 심정이 자세히 적혀 있다.

그 청년에게 그때까지의 인생은 늘 타인과 비교되고, 타자에게 심사받고, 평가받는 긴장의 연속인 인생이었다. 있는 그대로 자신을 바라봐주는 것이 아니라, 항상 비교하고 평가하며 사회적 틀에 맞추기를 강요하는 사람들의 시선을 감내할 수 없게 되었고, 성취도 평가처럼 무엇이든 수치화되는 데 지쳐서 인내심의 끈이 끊어져버렸다고 한다.

어린 시절부터 부모와 교사는 간단히 '예의범절'을 말하지만, 그것은 어른의 지배욕에 불과하다. 어른의 입장에서 관리하기 편하다는 것이 아이에게는 일방적으로 틀에 끼워넣고 아이를 다그치는 역할을 한다. 아이의 개성은 다양한데도 오로지 똑같은 질서, 규칙, 기준의 벽이 둘러쳐져서 모두가 똑같은 방향으로 흘러가야 한다. 정해진 길을 벗어나지 않게끔 만들어진 '제방堤防사회'이다. 그것이 자발적이고 자주적으로 살아가고자 하는 아이의 의욕과 독창성을 빼앗고 숨 막히게 한다. 교사는 백칸계산법* 같은 계산능력을 프로그램화할 수 있을지는 모르지만, 아이들 각자의 자아발달을 프로그램화할 수는 없다. 그것은 본인의 독자적인 것이고, 장차 사회인이 될 기반을 만드는 것이며, 우연과 필연이 뒤섞인 사회 속의 폭넓은 인생 경험을 거쳐 자기 스스로 획득해가는 것이기 때문이다.

성적과 경쟁에 지쳐서 아이들 마음의 건강을 해치고 몸에 이상을 가져오면, 역시 부모는 사회 흐름에 맞서서 아이를 지키고자 달라지는 법이지만, 학교는 바뀌지 않는다. 매스컴은 부모의 과도한 간섭을 비난하지만, 학교야말로 아이에게 가장 과잉으로 간섭하는 기관이자 지배적인 곳이다. 일반적인 아이가 장차 사회로 나아갈 길은 학교라는 외길밖에 없다고 흔히들 생각한다. 학교를 졸업하지 않으면 앞으로의 인생은 없다고 느낀다. 그것이 학교생활 중에 아이들을 더욱더 막다른 궁지로 몰아간다.

....

★　　"백칸계산법(百ます計算)이란, 가로10칸×세로10칸으로 된 표의 왼쪽과 위쪽에 각각 0에서 9의 숫자를 무작위로 늘어놓고 각각이 교차하는 곳에 지정된 계산방법(사칙연산)의 정답을 기입하는 계산훈련법." (위키피디아 일본)

외톨이가 된 그 청년은 사회에 나가고 싶다, 대학에 출석하자고 스스로는 굳게 마음먹지만, 사람들과 만나면 상대를 의식하는 데 너무 긴장해서 지쳐버린다. 남에게 무시당하는 것도 '존재의 불안'이지만, 남들이 쳐다보는 것도 불안이다.

그는 편의점에서 식료품을 사야 했지만, 입구에서 그를 쳐다보는 점원이 있으면 안으로 들어가질 못한다. 자전거로 다른 편의점까지 가서, 가게가 사람들로 붐벼 점원이 자기를 쳐다보지 않는다는 것을 확인해야 비로소 가게 안으로 들어선다. 바구니에 사고 싶은 물건을 담고는 계산대에서 점원의 얼굴을 쳐다보지도 않고 묵묵히 돈을 낸다. 어떤 날은 먹을거리를 사러 편의점을 몇 군데나 찾아다녔지만 가는 곳마다 점원이 자기를 쳐다보는 탓에, 밤새도록 이곳저곳을 돌아다니다 결국 아무것도 사지 못하고 지쳐서 방에 돌아왔다.

그러나 그것은 치료의 대상이 되는 기질적인 질병이 아니다. 주위 환경이 다양성을 인정하고 실패에 관대하며, 경쟁과 평가와 순위 매기기를 하지 않고 여유가 있으며, 조용하게 있는 그대로의 환경을 제공하면 스스로 회복할 수 있는 증상이라고 전문가는 말한다. 인간은 항상 완전해야 한다는 강박관념에 쫓겨 실수에도 과오에도 엄격한 사회가 그 부자연스러움으로 아이들과 청년들을 궁지로 몰아세운다. 간혹 실험의 실패에서 생각지도 못한 착상이 태어나고, 실수가 새로운 길을 개척하는 경우는 일상에서 결코 드문 일이 아니다. 실패도 실수도 큰 잠재력이다. 그 청년이 회복된 것은 있는 그대로

나는 사회인으로 산다 ∴·

자신을 받아들이고 마음을 열 수 있는 따듯한 지인과 만나고, 자기가 머물 곳을 찾아내어 자신의 괴로움을 이야기할 수 있었기 때문이라고 한다.

그는 학교 바깥 사회와의 관계 속에서 인간의 다양한 가치를 접하고, 경쟁사회에 휘둘리는 자신이 아니라, 인간답게 살아가는 자기긍정·자존의식을 가짐으로써 자기 자신을 회복했다. 각자가 자신을 긍정하고 자기가 가진 한계를 긍정했을 때 연대가 생겨난다. 그리고 연대는 사람들 각자의 한계를 깨뜨리고, 사회적 유대 속에서 새로운 힘을 얻게 한다. 그는 사회로부터 도망가려고 했지만, 그를 구한 것 또한 사회였다.

: 관계가 가진 불가사의한 힘

《아사히신문》이 연재했던 말더듬이 남자아이의 성장이야기가 있다. 그 아이는 친구들에게 놀림을 받고 집에 돌아와서는 엉엉 울었다. "말더듬이가 아닌 사람으로 다시 태어나고 싶다"고 엄마에게 말한 적도 있다. 그래도 만약 자기와 똑같은 처지의 아이가 있으면 "학교에서든 어디에서든 친구를 많이 만드는 게 좋다. 도움을 받을 수 있는 게 아주 많고, 친구가 있어서 다행"이라고 말해주었다고 한다(2012년 1월 15일). 그는 친구들의 놀림을 받고 울었지만, 동시에 감싸주는 친구도 있었다. 사회에서 벗어났다면 아무것도 얻을 수 없었을 것이다. 슬픔도 기쁨도 그리고 성장도.

어느 학교 사회복지사는 말한다(《교육과 문화》62호). 등교거부, 집단따돌림, 비행 등의 문제행동을 하는 아이들은 문제아가 아니라 문제를 떠안게 된 아이들이다. 그 환경도 성장과정도 제각각이지만, 공통되는 것은 자기긍정감이 약하다는 점이다. 자기긍정감을 가진 아이는 이런저런 어려움을 쉽게 극복하고, 또 주위에서 도움을 받기도 쉽다. 하지만 자기에게는 다른 그 무엇과도 바꿀 수 없는 가치가 있고 힘이 있음을 자각하지 못하는 아이, 자신의 가치를 믿지 못하는 아이는 어려움을 극복하는 것이 쉽지 않고 주위와의 관계도 잘 만들 수 없다고 한다.

등교를 거부하는 아이가 탈진해 있을 때는 따뜻한 보호 속에서 휴식을 취할 수 있게 하는 것이 중요하지만, 언제까지나 혼자 틀어박혀 사회로부터 차단된 상태는 사회적 인간인 개인에게는 손실로 다가온다. 충분히 휴식을 취하면 본인은 자연스럽게 외톨이에서 벗어나고 싶다는 생각을 하기 시작한다. 그런 징후가 보이면 어디선가 사회와의 연결을 만드는 것이 그 사람을 돕는 일이 된다. 느긋하게 본인의 이야기를 들어줄 수 있는 사람에게 자신의 이야기를 털어놓거나, 자원봉사 학생과 함께 놀거나, 안심하고 자기 모습을 있는 그대로 보여줄 수 있는 장소에서 신뢰할 수 있는 어른과 관계를 맺고, 자신을 소중히 여겨주는 사람들 속에서 다양한 사람들과 관계하는 동안 자기긍정감을 회복해간다고 한다.

그때 아이 문제로 고민하는 부모 역시 같은 문제를 안고 있는 부모모임에 나가서 지원해줄 동료와 대화를 나누면, 아이에 대한 신뢰를 회복하고 부모도 아이도 건강을 되찾아간다. 난치병 환자를 환우회 동료들이 도와주는 것처럼, 사회로부터 괴로운 문제를 떠넘겨 받아 자신을 궁지로 몰아넣은 사람들도 이번에는 사회와의 관계 속에서 도움을 받고 기운을 회복한다. "당신은 혼자가 아니야. 당신을 소중하게 생각하고 있어"라는 신호를 감지하면서 인간은 자신을 되찾는다. 존재 자체를 긍정적으로 바라봐줌으로써 아이는 현실을 받아들이고 인내와 노력을 해나간다.

인간사회의 유대라는 것은 불가사의한 힘을 갖고 있다. 부모도 아이도 교사도 열린 사회와 유대를 갖게 되면 아이가 사회로부터 떠안게 된 너무나 무거운 문제도 저절로 해결된다. 차단된 세계에 틀어박히는 것은 어른에게도 아이에게도 비극의 근원이다.

아이들과 청년들은 인간이 안고 있는 문제의 본질을 그대로 보여주기 때문에, 거기서 깨닫게 되는 점이 많다. 예를 들어 고독에도 살아갈 수 없는 고독과 살아갈 수 있는 고독이 있는 것 같다. 자신을 소중히 하고, 자기에게 다가서는 사람이 있을 거라고 무의식중에 믿고 있는 경우 고독은 견디기 어렵지 않다. 밖에서 보면 고독해 보여도 그 자신은 사회의 유대 속에 있기 때문이다. 하지만 모두로부터 자신의 존재가 무시당하고 말을 걸어도 응답해주지 않는 경우, 외면당한 자신의 존재감조차 느낄 수 없게 되고, 이 세상에 있는 건지 아닌지 알 수 없게 된다. 인터넷으로 연결되어 있다고 믿는 한 가닥의 인연도 타자의 주목을 받고 싶은 간절함의 거미줄 같은 것이고, 인터넷상의 상대는 실체 없는 그림자에 불과한 경우도 있다. 인간이 사회로부터 무시당하고 외면당하는 것은 죽음과도 같은 것이다.

: 사람은 사회인으로 태어나 사회인으로 살아간다 :

발달심리학과 인접한 여러 과학은 사회성이야말로 인간의 본성이라고 하지만, 굳이 학문에 기대지 않더라도, 아이를 길러본 경험이 있는 사람이라면 아이에게 친구란 없어서는 안 될 존재이며, 또래들 속으로 빨려 들어가는 아이의 모습이 어떠한지 잘 알고 있다. 장애아를 둔 한 엄마는 다른 아이들에게 따돌림당하고 울면서 집에 돌아온 아이에게 친구들과 어울리지 말라고 몇 번이나 타일러보았지만 여전히 친구들과 어울리고 싶어 하는 아이를 괴로운 심정으로 바라보았다고 한다. 학교에 가게 되면 아이는 부모가 하는 말은 안 들어도 친구들 말은 진지하게 듣는 법이다. 그 정도로 또래의 존재가 크다는 말일 것이다.

인간은 태어날 때부터 사회인이라는 것을 전문가들은 다음과 같이 설명한다. 인간의 긴 생육시간은 그만큼 다양하고 복잡한 인간의 사회관계에 대응하는 준비기간이라고 한다. 아기는 태어나서 걷기 시작할 때까지 1년이나 걸리며, 골격도 발달하지 못해 제대로 앉지도 못하고 이동할 능력도 없다. 다른 동물과는 비교도 되지 않는다. 하지만 자기와 타자의 구별, 사물과 사물을 관계 짓는 나무 쌓기 놀이나, 타인이 가리키는 것을 보고 타인의 시선이 가닿은 것에 자기도 눈길을 돌리는 '시선 따라하기'처럼 두드러지게 '관계'에 대응할 수 있는 소질을 갖추고 있다는 사실이 알려졌다.

3개월 무렵에는 엄마의 미소에 의식적인 미소로 답하는 커뮤니케이션이 생겨나고, 타자의 행동을 모방하기 시작하며, 부모의 기분이 좋을 때와 나쁠 때, 자신의 요구가 무시당했을 때에 민감하게 반응한다. 6개월 지날 무렵부터는 타인과 똑같은 것에 주의를 기울이는 '공동주의共同注意'라는 행위를 하게 되는데, 자기도 그것을 가리키거나 자기가 먼저 타인에게 자기 것을 보여주기도 한다. 공동주의는 공동의 공간을 성립시키고 사회적 협동에 이르는 기본적인 메커니즘이 생겨나는 과정이라고 한다.

아기가 발산하는 정동情動적인 신호를 받아들여 적절히 응답해주는 사람이 있어야 인간은 다른 사람들과 적극적으로 관계를 맺어갈 동기를 부여받는다. 아기가 다른 아기의 울음소리를 들으면 따라 울기 시작하는 현상을 공감반응이라고 설명하는 학자도 있는데, 그런 경향은 자기에 대한 감각이 싹트는 6~7개월 무렵에 변화하여, 일단 상대를 가만히 보고 나서 울기 시작하는 공감태도의 변화가 나타난다. 우리가 어른이 되어서도 여전히 갖고 있는 '따라 울기' 행위도 그 연장선상에 있는 인간관계에 특유한 것일지도 모른다.

울고 있는 타인을 도와주려는 행위는 1세 반 정도부터 관찰되는데, 이 공감하고 도와주는 힘은 이윽고 주변의 사회 환경 속에서 학습을 거듭하며 성장 발달해서 친구나 동료와 서로 협력하기도 하고, 자원봉사나 복지사회를 만드는 활동으로도 이어지며, 도덕이 되기도 할 것이다. 그와 동시에 자신을 지키는 자기방어본능도 성장해서 균형을 맞춰간다.

2008년에 아키하바라^{秋葉原}사건[*]을 일으킨 청년의 배후에도 아무런 응답을 받지 못한다는 고독이 깔려 있었다는 것이 그 후 조사에서 밝혀졌다.

언젠가 노숙인을 살해한 청년들에게 분노한 어떤 교회 신부는 한 노숙인이 하는 말을 듣고는 도리어 정신이 번쩍 들었다고 한다. 그 노숙인도 청년들에게 자주 폭력을 당했지만, 그럼에도 다음과 같이 말했다. "저 청년들은 밤늦게까지 집에 돌아가지 않아도 걱정하며 기다려주는 사람이 없는 건 아닐까요? 자기가 돌아오길 기다리는 사람이 아무도 없는 게 아닐까요?"라고.

....

*   2008년 6월 8일 일본 도쿄 최대의 전자상점가 아키하바라에서 불특정 다수를 노린 무차별 살인사건. 이 사건으로 7명이 숨지고 10명이 부상을 입었다. 당시 25세이던 범인은 해고된 비정규직 노동자로, 생활고에 시달렸던 것으로 알려졌다.

언어라는 사회성의 기반

아이는 안정된 신뢰관계에 있는 어른과 가까이 함으로써 사회적 규칙을 익히고, 성장과정에서 사회인이 되기 위한 다양한 잠재능력을 꽃피워간다. 그중에서도 특히 인간이 사회적인 관계를 만드는 데 중요한 역할을 하는 것이 바로 언어다.

외국에서 살아본 사람은 언어가 인간관계 형성에 얼마나 중요한지를 몸으로 체험했을 것이다. 사무적으로 주고받는 말뿐만 아니라 자신의 의사, 희망과 기대, 섬세한 감정의 교류, 슬픔과 불안, 후회의 심정을 이해시키기 위해서는 무엇보다도 높은 수준의 언어와 문화를 배경으로 하는 커뮤니케이션 능력이 필요하다. 일할 수 있는 능력만큼이나 인간관계에 필요한 것은 전달하는 힘, 추측하는 힘, 이해하는 힘, 강조하거나 주위의 분위기를 온화하게 하거나 기분을 자아내는 언어의 풍부함이다. 인간관계에 언어만큼 중요한 것은 없다.

아이는 생후 16~20개월에 '어휘폭발'이라 불리는 시기를 맞는다. 일주일에 평균 40개나 어휘를 늘리고, 6세가 되면 하루 평균 20개나 어휘를 늘려간다. 아이가 어떻게 해서 단어의 의미를 이해하고 분류하고 스스로 단어를 구사하게 되는지는 동서양을 불문하고 끝없는 연구의 대상이 되어왔다.

우리가 아무런 의문도 품지 않고 당연한 일로 받아들이는 아이의 언어발달에 대하여 전문가가 해석한 결과를 보면 새삼 경탄하지 않을 수 없다. 대개 5~6세가 되면 전 세계 아이들이 모국어를 유창하게 말하게 된다는 사실이 그것이다. 그런데 어른이 말을 걸어오는 단어를 모방하는 것만으로는 매우 복잡한 언어체계를 제대로 구사할 수 없다고 전문가들은 말한다.

언어 획득과정은 다른 기능이나 지식 획득과는 다른 특수한 획득 능력과 과정을 요구하는데, 인간의 아기는 선천적으로 그 능력을 지니고 있다고밖에는 달리 해석할 수 없다는 것이다. 언어학자 노엄 촘스키의 연구는 이 문제에 관한 것이다. 그 능력이 선천적이라고 생각하는 이유는, 문법규칙을 익히고 그것을 구사하게 되는 순서가 모든 아이에게서 똑같다는 사실 때문이다.

환경도 다르고 교과서가 있는 것도 아닌데 모든 아이가 똑같은 순서와 규칙성을 가지고 문법규칙을 습득해간다. 그것은 날 때부터 문법획득 장치를 가졌기 때문이라고밖에는 생각할 수 없다는 것이다. 아이의 생육환경에 지적·문화적 격차가 있는 경우 어휘에는 격차가 있을 수 있지만, 이 문법획득 능력에는 차이가 없다. 또 문법획득 능력을 학습과 훈련으로 촉진하려는 실험에서도 차이를 인정할 수 없었다고 한다. 부모가 아이와의 일상적인 대화 속에서 아이의 문법상 오류를 고쳐주는 일은 거의 없다. 그런 점에서 인간의 뇌는 진화과정에서 단기간에 언어를 획득하는 능력을 익혔다고 생각할 수 있다(노엄 촘스키, 『언어와 정신』·『문법이론의 여러 측면』).

아이는 모국어를 배울 때 우리가 외국어를 공부하는 식으로 누군

나는 사회인으로 산다 :

가에게 체계적으로 문법을 배우지 않는다. 촘스키의 말처럼 선천적으로 언어를 습득하는 수용태세가 갖춰져 있다면, 그것은 인간이 사회성을 갖도록 만들어졌기 때문이라고밖에 달리 해석할 방법이 없다. 언어를 습득하면 아이는 거의 동시에 그것을 소통수단으로 사용한다. 또한 아이는 단어를 소통의 도구로 사용할 뿐만 아니라, 습득한 단어로 생각하거나 느끼기도 한다. 눈앞에 없는 것을 단어를 통해 알기도 하고 상상할 수도 있다(발달심리학에 관해서는 우치다 노부코內田伸子의 『발달심리학: 단어의 획득과 교육』 및 『발달심리학 키워드』 등을 참조할 만하다).

그런 점들을 다시 학습해보면, 인간이 자연으로부터 받은 사회인으로서의 잠재능력이란 참으로 근사하지 않은가. 사회인이 되는 것이야말로 인간에 깃든 자연이 아닐까 하는 생각이 든다.

사회인으로 사는 것은 어려운 일도, 특별한 노력이 필요한 것도 아니다. 그것은 인간 본성에 따라 살아가는, 기분 좋은 삶의 방식이다.

사회인을 권유하며

⋮ **사회와 분리할 수 없는 개인** ⋮

어떤 개인도 사회와 분리할 수 없는 사회인으로 살아간다.

있는 그대로 사회를 바라보면, 개인의 생활은 사회적인 공동부분, 공공서비스로 유지되고 있으며, 그것 없이는 개인의 인생의 자유도 안전도 있을 수 없다.

이 책에서 여러 번 지적한 것처럼, 다양한 사회보장제도, 이를테면 질병에 걸렸을 때의 건강보험, 일자리를 잃었을 때의 고용보험, 퇴직 후의 연금, 소득을 잃었을 때의 생활보호, 재해보상 등이 인생의 위험을 대폭 줄여주어 살기 좋은 사회를 만든다.

나아가 사회자본의 정비를 통해서, 예컨대 수도꼭지만 돌리면 항상 위생적인 물을 이용할 수 있는 것은 수원지에서 물을 끌어와 정화해서 각 가정과 병원, 학교, 기업에 공공서비스로 물을 공급하기 때문이다. 그에 필요한 재원은 우리가 낸 세금과 요금으로 마련된다. 그러므로 우리는 공공서비스를 이용할 뿐만 아니라, 공유재산으로서 소중히 여기고, 만약 이상한 점이 생기면 이상하다고 의견을 말해 문제를 개선하는 데 사회인으로서 참여해야 한다.

수도뿐만 아니다. 박물관, 도서관, 주민회관, 보육시설, 스포츠센터, 어린이회관, 소방서, 경찰서, 사람들이 모이는 공원, 노인요양시설, 병원, 대중교통, 건강진단, 전염병 예방 등 공동으로 이용되는 사회자본의 예를 들자면 끝이 없을 정도다. 사회인을 길러내기 위해 가장 중요한 학교교육에 대해서는 이미 이 책에서 말했다.

사회자본이란 눈에 보이는 것만이 아니다. 사회적인 유대는 유형 무형의 사회적 이익을 낳는 사회적 협력을 통틀어 일컫는 말이다.

사회자본이나 사회보장제도뿐만 아니라, 사회적 규제의 중요성도 언급해두고 싶다.

규칙 만들기 혹은 사회적 규제는 사회에서 발생하는 다양한 혼란과 해악을 통제하는 역할을 한다. 자본주의사회에서는 자유로운 경쟁에 의한 시장경제나 사유재산 보호가 기본이 되기 때문에, 그냥 내버려두면 개인의 인권과 사회적 약자의 생활이 침해될 위험이 있다. 그 사회적 규제를 정치나 권력을 가진 자들에게 맡겨둘 것이 아니라, 더 나은 사회를 만드는 규제가 되도록 하는 것이 사회인의 역할이다.

예를 들어 근로기준법은 원래 평등할 수 없는 사용자와 노동자의 관계를, 노동시장에서 평등한 계약을 맺을 수 있도록 노동자를 보호하는 것이다. 그 한계가 자주 드러나기는 하지만, 노동자를 지키는 법률은 자본주의사회에 반드시 있어야 한다. 노동자는 일자리를 잃으면 살아갈 수 없고 불리한 계약도 받아들이지 않을 수 없는 입장에 있기 때문이다. 형식적인 평등이 번번이 실질적인 평등을 파괴하는 사례는 자유시장 사회에서는 결코 드문 일이 아니다.

또 하나의 사례를 들자면, 건축기준법 역시 사유재산인 건축물이 약육강식이 되지 않도록, 또는 서로를 침해하여 모두가 망하지 않도록, 공공의 복지를 지키기 위해 만들어진 규제다. 사유지라고 해서 소음이나 배기가스, 악취를 방치하고 저층 주택이 밀집한 지역에 하늘도 보이지 않을 만큼 커다란 빌딩이 막아서면 생활의 평온과 건강은 지킬 수 없다.

그래서 상린相隣관계*를 규정하는 민법뿐 아니라 주거전용지역, 상업지역, 공업전용지역 등 건축물 용도규제가 공적으로 만들어져서 건축물은 그 지역에 어울리는 구조로만 지을 수 있게 되어 있다. 그것을 개인적인 다툼에 맡겨두어서는 사회적인 해결책을 찾지 못한

---

* 인접한 부동산 소유자 사이에서 서로의 이용을 조절하기 위한 법률관계.

다. 공공의 복지와 개인의 복지는 불가분의 관계에 있다. 자기결정권이라고 생각되는 것도 실은 사람들이 공유하는 토대 위에서 내려지는 결정에 지나지 않는다.

자연도 마찬가지다. 자연은 공짜가 아니다. 자연을 파괴한 결과로 돌아온 미나마타병이나 배기가스에 의한 대기오염, 원전의 방사능 오염이 얼마나 큰 공포를 불러일으켰던가. 그 앞에서 개인의 행복은 잠시도 버티지 못하고 무너져 내렸다.

이러한 현실이 있는데도 사람들은 어째서 개인과 사회의 떼려야 뗄 수 없는 관계에 눈을 돌리지 않는 걸까?

⋮ 개인이 사회를 바꾼다 ⋮

생산력이 낮았던 시대에 사람들은 공동체의 일원으로서만 살아갈 수 있었기 때문에 지배·피지배라는 신분관계에 예속되었다. 생산력이 높아진 현대사회에서 사람들은 직접적인 지배에서 해방되어 자유롭고 독립적인 개인으로 살아갈 수 있다. 그러나 생활의 공동부분은, 비록 형태는 다르지만, 지금도 당연히 존재한다. '개인과 사회와 자연'은 인간이 살아가는 삶 그 자체다.

개인의식이 불거진 오늘날에도 인간사회의 수면 아래서 여전히 사람들은 사회적 동물로서 상호부조적인 인간관계를 유지하고 있다. 수면 아래에 뿌리를 내린 우리는 살아가기 위한 사회적 유대를 아래로부터 길어 올린다. 레베카 솔닛^{Rebecca Solnit}이 『이 폐허를 응시하라』에서 말한 것처럼, 비록 우리가 그런 사실을 깨닫게 되는 것은 재난을 당했을 때라 하더라도, 수면 아래 일상에서 인간사회를 지탱하는 상호부조관계는 면면히 이어지고 있다. 사람들이 그 사실을 깨닫고 가치를 찾아냄으로써 인간사회는 복권될 수 있다.

민주주의는 끊임없이 개인으로부터 출발하여 사회를 더 좋게 바꿔 나아가려는 적극적인 사회인의 행동으로 유지된다.

개인으로부터 출발해서 사회에 커다란 영향을 끼친 한 사례로, 꽤나 오래 전 사건이기는 하지만, 모리나가^{森永} 비소분유 사건을 되돌아보고자 한다. 이 사건은 피해를 입은 대상이 젖먹이였다는 점, 인간다운 관점을 잃지 않았던 보건원들의 행동이 14년 동안 어둠에 묻혀 있던 희생자인 아이들에게 사회적인 빛을 비추어, 부모들이 죽은 후에도 장애를 안은 아이들이 살아갈 수 있는 사회적 구제기관을 만들었다는 점에서 기억해야 할 사건이다.

돈벌이는 선^善이자 목적이라는 자본주의사회의 합의와는 달리, 사회인은 경제적 이익을 우선하고 인간사회를 경시하는 가치관에 반대한다. 사회인이 공유하는 가치관은 헌법에 보장된 인권이라고도 할 수 있지만, 법률을 넘어선 곳에서 인간의 생활 속에 보편적으로 깔려 있는 가치관이라고 바꿔 말할 수도 있다. 우리는 사회적 동물로서, 살아가는 의미와 목적을 사회적인 유대 속에서 찾는다. 그것은 자본의 맹목적인 자기증식욕구보다도 더 본질적인, 인류의 미래를 여는 전망을 보여주는 게 아닐까?

모리나가 비소분유 사건은 결코 옛날이야기가 아니다. 그 후에도 미나마타병이나 약제피해사건으로 여전히 반복되고 있는 문제다.

모리나가유업의 도쿠시마 공장에서 만들어진 유아용 분유 MF캔에 후생대신의 인가를 받지 않은 식품첨가물, 제2인산소다가 값싼 유질안정제로 사용되었고, 그 속에는 비소가 포함되어 있었다. 그로 인해 1만 3천 명의 영유아가 후유증을 앓는 환자가 되었고, 130여 명의 영유아가 사망한 사건이다. 오카야마대학이 그 원인을 밝혀낸 것은 1955년 8월이었다. 하지만 1963년 도쿠시마 지방법원이 모리나가 측에 무죄판결을 내리면서 피해자인 아이들의 인생은 어둠 속에 버려지게 되었다. 부모들은 모유가 나오지 않는 자신을 탓했고, 분유 중에도 금색선이 들어간 비싼 분유 캔에는 비소가 들어 있지 않다는 것을 알고는 값싼 분유를 먹인 자신을 책망했다.

그러나 1962년 사카이 시 양호[장애]학교에 입학한 중증 뇌성마비 아동이 젖먹이 때 모리나가 비소분유를 먹었다는 사실을 알게 된 교사는 보건원 및 의과대학생과 함께 입소문으로 알게 된 67명의 피해아동을 일일이 가정방문하기 시작했다. 행정당국에서는 긁어 부스럼을 만들게 되지 않을까 두려워 공식적인 가정방문을 허락하지 않았다. 보건원들은 근무시간을 피해서 '얄팍한 지갑과 두 다리'만으로 비소분유 피해아동 가정방문을 계속했고, 1969년에 그 결과를 정리하여 직접 보고서를 만들었다. 그것이 공중위생학회에

나는 사회인으로 산다 ·:·

서 다루어지게 되었고, 사건 발생 18년째인 1973년에 모리나가 및 국가와의 화해가 성립했다. 이듬해에는 부모의 사후에도 아이들의 인생을 보장하기 위한 항구구제기관*이 설립되었다. 몇몇 사람의 아무런 대가를 바라지 않는 노력에서 시작되어 마침내 사회적인 해결책을 얻어낸 것이다(나카보 고헤이^{中坊公平}, 『죄가 없으면 처벌하지 않는다^{罪なくして罰せず}』, 아사히신문사 참조).

아무런 잘못도 없는 갓난아기가 젖줄인 시판 분유를 먹고 죽거나 중증 장애를 입게 되었는데도, 아이나 부모는 사회로부터 버림받은 것처럼 보였다. 하지만 그 아이들을 구원한 것은 "어째서 죄 없는 아이가 기업 이익에 희생되어 중증 장애에 시달려야 하는가? 아이들을 저대로 내버려둬서는 안 된다"는, 오로지 그 생각만으로 신발이 닳도록 발로 뛰며 조사를 계속한 소수의 개인들이었다. 그들의 행위에 호응하는 사회인이 속속 늘어나고, 그들의 낯선 타인을 생각하는 활동이 연쇄처럼 확산되어 사회를 바꾼 것이다.

....

* "1973년 12월, 아이들을 지키는 모임(모리나가 비소분유 중독피해자를 지키는 모임)과 국가, 모리나가유업 3자가 피해자를 항구적으로 구제하는 데 합의하고, 모리나가유업은 기금을 출연하기로 했다. 이 합의에 기초해 '히카리(光)협회'가 1974년 4월에 설립, 그 후 안정적으로 구제사업이 추진되고 있다. 주요 활동으로는 피해자의 지속적인 건강관리, 치료 및 요양, 생활보장 및 원호, 각종 상담, 조사연구사업 등이다. 지역구제대책위원회는 19개 지역에서 피해자를 상담하고, 히카리협회가 적절한 대응을 할 수 있도록 조언하고 있다. 또 피해자 자신이 구제사업 협력원이 되어 피해자의 건강을 지키는 활동을 하는 것도 특징이다. 히카리협회는 그 공익성을 인정받아 2011년에 공익재단법인이 되었다." (위키피디아 일본 · 히카리협회 홈페이지)

: 낯선 타인에 대한 상상력

비슷한 사건은 오늘날에 이르기까지 그밖에도 수없이 많다. 그럴 경우 "내가 피해자가 아니어서 다행"이라며 사건과 무관함을 기뻐하는 사람도 있지만, 같은 인간으로서 자기 자신을 그와 같은 처지에 놓아보니 도저히 손을 내밀지 않고는 견딜 수 없다는 사람도 많다.

그 분기점에는 다양한 원인이 있겠지만, 무관심과 비협력의 요인 중 하나는 시간적으로도 경제적으로도 기분상으로도 타인을 생각할 여유가 없는 생활환경이 있을 것이다. 막다른 생활환경에 처해 있기 때문에 오히려 정치적인 선동에 넘어가는 경우도 종종 있다. 그래서 더욱더 '건강하고 문화적인' 생활보장이 중요하다.

하지만 과연 그것뿐일까? '상상력'은 인간의 고유한 속성이라고 한다. 타자를 생각하고 과거와 미래에 대한 상상력을 발동해서 국제사회에서 일어나는 기아나 분쟁, 재해에 구원의 손길을 내미는 사람들은 늘어나면 늘어났지 없어지지는 않는다. 국경없는 의사회의 헌신적인 활동이나 빈곤국에 학교와 병원을 세우는 운동은 보통시민의 자발적인 활동이다. 낯선 타인에 대한, 보답을 기대하지 않는 마음이다.

평생을 미나마타병 환자와 동행한 의사 하라다 마사즈미* 씨는 "진료차트 이면을 읽을 수 있게 되면서 비로소 나는 의사가 되었다"고 TV에서 말했다. 질병의 고통 이면에 가족의 고통과 사회로부터

나는 사회인으로 산다 :·

배제된 고통, 미나마타병을 일으킨 일본의 사회구조가 있었고, 병의 증상과 함께 그 이면을 상상할 수 있게 되면서 진정으로 환자의 마음을 이해할 수 있게 되었다는 말일 것이다. 사람들의 본심은 사회적인 유대 속에 있고 싶어 하고, 남에게 도움이 되는 의미 있는 일을 하고 싶어 하며, 거기서 행복감을 느끼기도 한다.

낯선 타인에 대한 상상력을 기르는 데는 어린 시절부터의 독서와 어른들의 책 읽어주기가 도움이 된다고 아동문학가 와키 아키코** 씨는 말한다. 확실히 책을 읽는 동안에는 상상력이 작동하기 때문에, 이야기의 주인공이 그다음에 어떻게 될지 두근거리게 된다. 그리고 와키 씨는 영상이 아니라, 조용하게 집중할 수 있는 환경에서 말로 전달되는 것이 자유로운 상상력에는 더 중요하다고 말한다.

어린 시절 길가에 핀 들꽃을 보고 어머니가 "어머나, 꽃이 참 가련하기도 하네. 어디서 날아온 씨앗일까" 하시면, 정말 그런 생각이 들어서 이런저런 것들을 상상했다. 땀 흘리며 일하는 사람을 보고 "이런 더위 속에서 얼마나 힘들까" 하던 어른의 말이 또 다른 인생을 상상하게 했다. 예술의 세계도 언어를 넘어선 상상력의 샘이었다. 필

....

* 原田正純(1934~2012). "구마모토대학 의학부에서 미나마타병을 연구, 태아성 미나마타병을 최초로 발견하였다. 미나마타병과 유기수은중독 연구에 헌신하며 환자 입장에 선 철저한 진단과 연구를 한 의사이기도 했다. 구마모토대학을 퇴직한 후 구마모토가쿠엔대학 사회복지학부 교수로서 환경공해문제에 대한 대응을 전 세계에 호소했다." (위키피디아 일본)
** 脇明子(1948~). 노트르담세이신여자대학 교수. '오카야마 어린이 책모임' 대표. 오카야마 현 어린이 독서활동 추진회의 회장.

시 학교교육에서 말해지는 단어도 아이들의 상상력에 큰 영향력을 미칠 것이다. 집단따돌림이 타자에 대한 상상력 결여에서 비롯된다는 것도 잘 알려진 사실이다. 상상력 키우기에 가치를 두는 사회와 자신의 이기적인 생활에만 마음을 뺏기는 사회는 인간의 감성과 사고에서 커다란 간격이 생기지 않을까?

앞으로 지구온난화와 환경악화, 넓은 의미에서의 빈곤이 세계적으로 진행될 것이다. 다른 문화를 가진 민족 간의 분쟁도 있다. 국제적인 혹은 지구적인 상상력을 지닌 사회인이 필요하다.

사회적인 유대와 서로 돕는 인간관계는, 숫자로 표현할 수 없지만, 인간사회의 커다란 재산이다. 인간은 사회적 동물이기 때문에, 마음속으로는 누구나 사회로부터 배제되지 않고 유대 속에서 살고 싶어 한다. 사회는 단순히 개인의 총계가 아니다. 다양한 사람들이 만나 서로 영향을 주고, 계산을 초월한 영향력을 가지며, 사람들에게 살아가는 의미를 생각하게 하는 장소다. 사회는 지식과 경험을 풍부하게 할 뿐만 아니라, 자기 자신을 알기 위해서도 필요하다. 사회인으로서 살아가는 것은 자신의 가능성을 키울 뿐만 아니라, 사회에 대한 신뢰감이 있으면 과도한 자기방어와 투쟁심을 창조적인 에너지로 바꿀 수 있다.

우리는 사회에 대하여 절망을 느끼기도 하지만, 민주주의사회가 지닌 탄력성은 개인의 적극적인 관여를 통해 부조리한 것을 사회적인 공정성으로 바꾸는 힘을 갖고 있다. 동료와 함께하는 사회인이

나는 사회인으로 산다

된다는 것은 유익하고도 즐거운 일이다. 인간의 유대에 가치를 두는 사회는 포용력 있고 다양하며 풍부한 가치관으로 넘치기 때문이다.

후기

이와나미신서岩波新書라는 이름을 달고 책을 쓰는 것이 이번 작업으로
세 번째다.

첫 번째 책은 『풍요란 무엇인가』*(1989)이다. 거품경제의 절정기
에 일본이 온통 돈과 물질에 도취되었을 때, 그 번영은 사상누각처
럼 토대가 없는 것에 불과하며, 머잖아 사회가 와해되기 시작할 것
이라고 예감했다. 같은 자본주의국가여도 경제번영이 국민 생활의
질을 높이고, 사회보장이 두루 미치게 하며, 인권의식을 높였던 나
라도 있기 때문이다. 우리에게 진정한 풍요란 무엇인가를 물었던 책

....

* 우리말 번역본은 『부자 나라, 가난한 시민: 진정한 풍요란 무엇인가』, 홍성태 옮김, 궁
리, 2007.

이다.

두 번째 책은 『풍요의 조건』(2003)이다. 첫 번째 책을 출판한 직후에 거품은 무참히 꺼지고 사회는 불황에 휩싸였다. 그것을 재정비하고자 보수정권이 국민에게 강요한 것은 규제완화를 통한 경쟁의 격화와 자기책임이었다. 하지만 격차를 확대해서 사회가 재정비될 리 없다는 것, 인간사회는 항상 의식의 수면 아래서 서로 돕고 연대하고 협력함으로써 유지된다는 것을 말했다.

그런데 많은 독자들에게서 "이런 책이 나왔는데도 어째서 사회는 바뀌지 않는 거지?"라는 질문을 자주 받았다.

이번에 세 번째로 나온 이 책에서 내 나름의 답을 적었다고 생각한다. 사회는 바꿀 수 있다. 이를 위해 개인은 어떻게 살아가면 좋을까? 앞서 나온 두 책의 마지막 장이 이 책이라고 말할 수 있을지도 모르겠다.

개인이 자립할 수 있는 토대가 무너지고 있는데도, 여전히 자기책임과 개인화가 진행되고 있다. 그런 사회를 염려하고 있을 때, 이와나미신서 편집부로부터 '사회인'에 대한 책을 만들어보자는 제안을 받았다. 그리고 나는 이 문제를 과감하게 생활 속에서 풀어보자고 생각했다.

예를 들어, 내가 사는 지역에는 협동의 매력에 이끌린 주민들의 모임이 몇 개나 있다. 그중 하나로 인근에 흐르는 강의 생태계를 지키는 활동이 있는데, 매년 6월에 하천 수질 일제조사를 하고 있다.

이 책 2장에서도 소개한 활동이다.

내게 "선생님은 연로하시니 그냥 다리 위에서 내려다보고 계세요"라고 말하는 사람은 아무도 없다. 그것은 활동에 참여하는 사람이 모두 좋아서, 하고 싶어서, 즐겁게, 그 의미를 이해하고 자발적으로 모여들기 때문이다. 강바닥 진흙에 박힌 장화를 빼지 못해서 넘어질 것 같으면, 수심을 재는 막대기를 빌려주면서 지팡이 삼아 걸으라고 가르쳐준다. 강물 속을 걷다보면 강이 살아 있음을 알 수 있기 때문이다.

조사결과를 검토하는 회의에서 누군가는 "작년보다 환경이 악화되지 않아서 다행이네요"라며, 마치 자식의 건강을 기뻐하는 것처럼 얘기한다. 내 생활만 괜찮다면 그걸로 됐다고 생각하는 사람은 없다. 개인과 사회와 자연은 생활 속에서 하나로 존재한다.

마지막으로, 이 책을 기획하고 항상 도움을 아끼지 않은 이와나미 쇼텐岩波書店 편집부 오다노 고메이小田野耕明 씨에게 감사드린다. 오다노 씨와는 원고 초안을 앞에 두고 매번 장시간 토론을 했다. 이 책이 조금이라도 유의미한 것이 되었다면, 그것은 모두 오다노 씨의 열의와 노력 덕분이다.

2012년 9월

데루오카 이츠코

옮긴이의 말

텍스트란 본래 여러 겹으로 이루어져 있어서, 독자의 관심사에 따라 얼마든지 다양하고 풍부한 의미를 길어 올릴 수 있다고 합니다. 그런 점에서 역자란 최선의 독자가 아니라 그저 텍스트를 꼼꼼히 읽어내는 독자일 뿐이라는 것을 번역하는 내내 절감했습니다. 어쭙잖게 책의 내용을 요약하고 해석을 제시하기보다는, 독자의 한 사람으로 어떤 관심에서 이 책을 읽었는지를 밝히는 것이 역자가 할 수 있는 최선이 아닐까 합니다.

요즘 우리 사회에 '자기계발'의 광풍이 불고 있다고 합니다. 자기계발서가 베스트셀러의 자리를 굳건히 차지하고 있는 것이 그 징후겠죠. 그런데 그 대부분은 치열한 경쟁에서 살아남기 위해 끊임없이 자기 자신을 몰아대라는 내용입니다. 그러나 경쟁이라는 틀 안에서 모두가 승자가 될 수는 없는 법. 그러다보니 이제는 경쟁에 지친 사람들을 위한 '힐링'이 대세가 되었다는군요. 이 모든 야단법석을 '거대한 사기극'이라고 부르는 이도 있습니다.

너를 밀쳐내지 않으면 내가 위태로워지는 '팔꿈치 사회', 자칫 한 발만 잘못 디뎌도 나락으로 굴러 떨어지는 '미끄럼틀 사회', '아무도 남을 돌보지 말라'가 정언명령이 되는 세상에서, 자기 이익만을 따지는 냉정한 '경제인'이 과연 우리에게 어떤 희망을 줄 수 있을까요? 그런 점에서 더불어 살아가는 '사회인'이 되자는 저자의 메시지는 신선하기도 하고 또 깊은 '울림'으로 다가왔습니다. 기왕에 '자기계발'을 할 거면 우리에게도 이런 자기계발서 한 권쯤은 있어도 좋지 않을까요?

게다가 그 메시지를 전하는 사람이 바로 데루오카 이츠코 선생이라는 사실에 선뜻 책을 집어 들었습니다. 일본 사회에 거품이 한창이던 시절에 그것이 그저 허울뿐인 풍요라는 사실을 아프게 꼬집은 선생의 '혜안'에 탄복했던 기억이 떠올랐기 때문입니다. 『풍요란 무엇인가』가 일본에서 출간된 것이 1989년이고 우리말 번역본이 나온 것이 2007년이니 20년 가까운 시차가 있지만, 그럼에도 그 책은 마치 한국 사회에 '죽비'를 내리치는 듯한 느낌이었습니다.

이후 『풍요의 조건』과 이 책이 대략 10년 간격으로 출간되면서, 책이 나올 때마다 오히려 '동시대성'은 더 커진 것 같습니다. 양극

화, 저출산 고령화, 청년실업과 비정규직의 급증, 부실한 사회안전
망, 경쟁지상주의, 정치의 보수우경화, 사회적 연대의 약화, 그리고
탈핵을 둘러싼 갈등까지……. 이 책에서 다루고 있는 일본 사회의
현실은 고스란히 우리 사회를 투영한 듯한 알 수 없는 '기시감'마저
들게 합니다.

그런데 이번에는 그 혜안에 '연륜'이 더해졌습니다. 당신이 살아
오면서 만난 다양한 사람들의 이야기 속에서 "사회란 인생의 깊은
의미를 길어 올리는 보고寶庫다. 우리는 그 속에서만 살아갈 수 있다.
거기에서 도움을 받고 또 거기에 뭔가를 보탤 수 있는 그런 삶을 살
아가라"는 인생의 통찰을 풀어내고 있습니다.

그렇습니다. 이 책에는 모든 걸 제 탓으로, 자기책임으로 여기지
않고 일상생활 속에서, 또 가까운 주변사회 속에서 함께 머리를 맞
대고 더 나은 해결책을 찾아내는 사람들의 이야기가 소개되어 있
습니다. 말하자면 '역할role모델'이죠. 지금까지 역할모델이라고 하
면 대개 경제적으로 성공한 부자, 위대한 정치가, 뛰어난 업적을 이
룬 학자나 예술가, 그도 아니면 대중을 사로잡는 아이돌 스타였습니
다. 그런데 이 책에는 그런 '대단한' 사람이 아닌, 일상에서 흔히 만
날 수 있는 소박한 우리의 '이웃'이 모델로 나섭니다. 큰소리로 다그
치지도 않습니다. 나지막하게 조근조근 속삭일 뿐입니다.

그래서일까요? "사회인으로 사는 것은 어려운 일도, 특별한 노력
이 필요한 것도 아니다. 그것은 인간 본성에 따라 살아가는, 기분 좋

나는 사회인으로 산다 :·

은 삶의 방식"이라는 저자의 말이 더욱 설득력 있게 다가왔습니다. 그런 점에서 따로 '힐링'이 필요치 않은 안전한 자기계발법이라고도 할 수 있겠지요. 우리에게 필요한 것은 사람들의 말에 귀 기울이고 공감하고 그이들의 삶을 상상하는 일뿐입니다. 그러면 어렵지 않게 그이들의 삶에서 우리와 닮은 구석을 찾아볼 수 있습니다. 그 점이 바로 '이웃'이 가진 미덕이겠죠. 이러한 공감과 상상은, 마사 누스바움^{Martha C. Nussbaum}의 말을 빌자면, "타인의 좋음^{good}에 관심을 갖도록 요청하는 윤리적 태도의 필수요소이며, 이것이 없으면 우리는 진정한 인간 존재로서 서로 관계를 맺을 수 없을" 만큼 아주 중요한 것이라고 합니다(마사 누스바움, 『시적 정의』, 박용준 옮김, 궁리, 2013).

저자도 비슷한 말을 합니다. "사회에 눈을 뜨는 것은 관계에 눈을 뜨는 것이고, 관계에 눈을 뜨는 것은 새로운 자기 자신에 눈을 뜨는 것이다. 관계를 거슬러 올라가는 사고^{思考} 실험은 인간의 고유한 특징이 아닐까? 왜냐하면 인간은 직접 체험하지 못한 사회를 인식하고, 역사와 미래를 포함하여 사회를 상상하는 힘을 지녔기 때문이다."

저 역시 이처럼 관계에 눈을 뜨고 그 관계를 소중히 가꿔가는 사람들을 많이 알고 있습니다. 거동이 불편한 어르신을 보살피는 '돌봄두레 어깨동무' 두레원들, 고립과 불안에서 벗어나 함께 아이를 키우며 육아의 즐거움을 되찾자는 '육아사랑방' 엄마들, 피차일반의 마음으로 일상의 소소한 어려움을 기꺼이 도와주는 '생활응원

단' 활동가들, 언제든 부담 없이 들러서 수다를 떨고 품과 솜씨도 나누는 사랑방 '선물'을 지켜주고 계신 활동가들, 나와 이웃을 돌보는 일이 더 많이 확산될 수 있도록 힘을 보태어주시는 '돌봄기금' 후원자들…… 그렇습니다. 제가 몸담고 있는 고양파주두레와 울림두레 생협 조합원들이십니다. 그분들께 저자의 입을 빌어서 "그래요, 여러분은 참 잘 살고 계신 거 맞아요"라는 응원의 말씀을 전하고 싶습니다.

어디 생협 조합원뿐이겠습니까? 우리 사회 곳곳에는 함께 더불어 사는 세상을 만들고자 애쓰는 분들이 많이 계실 겁니다. 저자는 말합니다. "개인의식이 불거진 오늘날에도 인간사회의 수면 아래서 여전히 사람들은 사회적 동물로서 상호부조적인 인간관계를 유지하고 있다. 수면 아래에 뿌리를 내린 우리는 살아가기 위한 사회적 유대를 아래로부터 길어 올린다. 수면 아래 일상에서 인간사회를 지탱하는 상호부조관계는 면면히 이어지고 있다. 사람들이 그 사실을 깨닫고 가치를 찾아냄으로써 인간사회는 복권될 수 있다"고. 이 책이 그분들의 수고에 작은 위로가 되면 좋겠습니다.

끝으로, 이 책을 여러 사람들과 함께 읽고 싶다며 무모하게 덤벼든 '신출내기'에게 기꺼이 출판의 기회를 내주고 책으로 세상에 나올 수 있도록 노고를 아끼지 않으신 편집자를 비롯한 궁리출판의 후의에 깊은 감사를 드립니다. 아울러 우리는 혼자가 아니며 손 내밀면 잡아줄 누군가가 있다는 것을 일깨워준 두레생협 조합원, 그리고 늘 변함없는 애정과 지지를 보내준 가족에게도 다시 한 번 감사의 인사를 드립니다. 정말 고맙습니다.

조한소

나는 사회인으로 산다

1판 1쇄 찍음 2014년 3월 20일
1판 1쇄 펴냄 2014년 3월 25일

지은이 데루오카 이츠코
옮긴이 조한소

주간 김현숙
편집 변효현, 김주희
디자인 이현정, 전미혜
영업 백국현, 도진호
관리 김옥연

펴낸곳 궁리출판
펴낸이 이갑수

등록 1999. 3. 29. 제300-2004-162호
주소 110-043 서울시 종로구 통인동 31-4 우남빌딩 2층
전화 02-734-6591~3
팩스 02-734-6554
이메일 kungree@kungree.com
홈페이지 www.kungree.com

ⓒ 궁리, 2014. Printed in Seoul, Korea.

ISBN 978-89-5820-270-7   03300

값 15,000원